Severino Paiva

ABC da Ciência da Computação para o Ensino Básico

EDITORA CIÊNCIA MODERNA

Editor: Paulo André P. Marques
Produção Editorial: Dilene Sandes Pessanha
Capa/Ilustração: Régis Soares e João Victor Gouveia Rodrigues
Diagramação: Daniel Jara
Copidesque: Equipe Ciência Moderna

FICHA CATALOGRÁFICA

PAIVA, Severino do Ramo de.

ABC da Ciência da Computação para o Ensino Básico

Rio de Janeiro: Editora Ciência Moderna Ltda., 2023.

1. Ciência da Computação 2. Educação Básica
I — Título

ISBN: 978-65-5842-295-2

CDD 004
370.111

Editora Ciência Moderna Ltda.
R. Alice Figueiredo, 46 – Riachuelo
Rio de Janeiro, RJ – Brasil CEP: 20.950-150
Tel: (21) 2201-6662/ Fax: (21) 2201-6896
E-MAIL: LCM@LCM.COM.BR
WWW.LCM.COM.BR

08/23

Apresentação

A Ciência da Computação vai estar no cotidiano dos nossos jovens cada vez mais. Popularizá-la junto a esse público é uma missão árdua e ao mesmo tempo saborosa porque estamos plantando as ferramentas que servirão de bases para os futuros cidadãos e profissionais.

Segundo a Enciclopédia Britânica, "A ciência da computação é o estudo de computadores e computação, bem como suas aplicações teóricas e práticas. A ciência da computação aplica os princípios da matemática, engenharia e lógica a uma infinidade de funções, incluindo formulação de algoritmos, o desenvolvimento de software e hardware e inteligência artificial".

Fonte: https://www.britannica.com/science/computer-science

Percebe-se claramente que a Ciência da Computação tem ganhado mais importância na medida em que a sociedade e empresas têm adotado cada vez mais soluções tecnológicas com base na Tecnologia da Informação.

Nos últimos anos, notadamente em consequência das discussões oriundas da publicação da BNCC, em 2018, a Sociedade Brasileira da Computação, a SBC, vem empreendendo uma luta no sentido de ampliar a base de conteúdos a serem trabalhados junto aos alunos do Ensino Básico no Brasil, visando alargar as competências dos nossos jovens na área da Computação.

Este trabalho da SBC está materializado nas Diretrizes de Ensino de Computação na Educação Básica (Ribeiro *et al.*, 2019), estando organizado em 3 (três) eixos, conforme abaixo:

1. **Pensamento Computacional**: refere-se à habilidade de compreender, analisar definir, modelar, resolver, comparar e automatizar problemas e suas soluções de forma metódica e sistemática, através do desenvolvimento da capacidade de criar e adaptar algoritmos, aplicando fundamentos da computação para alavancar e aprimorar a aprendizagem e o pensamento criativo e crítico nas diversas áreas do conhecimento.

2. **Mundo Digital**: envolve aprendizagens sobre artefatos digitais, compreendendo tanto elementos físicos (computadores, celulares, tabletes) e virtuais (internet, redes sociais e nuvens de dados). Compreender o mundo contemporâneo requer conhecimento sobre o poder da informação e a importância de armazená-la e protegê-la, entendendo os códigos utilizados para a sua representação em diferentes tipologias informacionais, bem como as formas de processamento, transmissão e distribuição segura e confiável.

3. **Cultura Digital**: envolve aprendizagens voltadas à participação consciente e democrática por meio das tecnologias digitais, o que pressupõe compreensão dos impactos da revolução digital e seus avanços na sociedade contemporânea; bem como a construção de atitude crítica, ética e responsável em relação à multiplicidade de ofertas midiáticas e digitais, e os diferentes usos das tecnologias e dos conteúdos veiculados; assim como fluência no uso da tecnologia digital para proposição de soluções e manifestações culturais contextualizadas e críticas. (Ribeiro *et al.*, 2019).

A Resolução número 1 do Conselho Nacional de Educação, publicada em 6 de outubro de 2022, coroa esta luta na medida em que define as normas para o ensino de Computação na Educação Básica, em complemento a Base Nacional Comum Curricular.

Esta resolução determina que o desenvolvimento e a formulação de currículos leve em conta as suas tabelas de competências e habilidades voltadas para a Educação Infantil, Ensino Fundamental e Ensino Médio.

Este texto integra um conjunto de livros de nossa autoria que visa servir de suporte para o ensino da Ciência da Computação. Os demais livros focam na vertente Pensamento Computacional, enquanto este está voltado para cobrir as duas outras dimensões da BNCC Computação: Mundo Digital e Cultural Digital.

O livro está dividido em quatro partes voltadas para cobrir as competências e habilidades da BNCC Computação em cada etapa do currículo do Ensino Básico. A primeira parte está focada na Educação Infantil. A segunda mira no Ensino Fundamental I – Anos Iniciais. A terceira está voltada para o Ensino

Fundamental II – Anos Finais. A quarta e última tem como alvo as competências do Ensino Médio.

Em resumo, o nosso trabalho foi planejado no intuito de ser informativo, formativo e divertido, sendo bastante rico em desenhos e figuras, buscando ser mais atrativo para o seu público alvo: crianças e adolescentes.

A nossa esperança é que vocês se divirtam e aprendam !

Sumário

Parte 1

Educação Infantil

1.1 - Dispositivos eletrônicos e não eletrônicos funcionamento (EI03C007)

A história da humanidade mostra que os seres humanos sempre buscaram desenvolver soluções para facilitar as suas vidas.

Invenções como a alavanca, a lança, o fogo, as inscrições nas paredes das cavernas, as chamadas inscrições rupestres, e a escrita, por exemplo, revolucionaram o viver sobre a face do planeta terra nos primórdios.

Na medida em que o ser humano foi evoluindo o seu intelecto, foi criando mais e mais coisas para facilitar a sua vida.

Foi assim com o ábaco, que foi inventado há cerca de 3000 anos para facilitar as operações de cálculo. Um exemplo de ábaco representando o número 456.789 pode ser visto na figura a seguir:

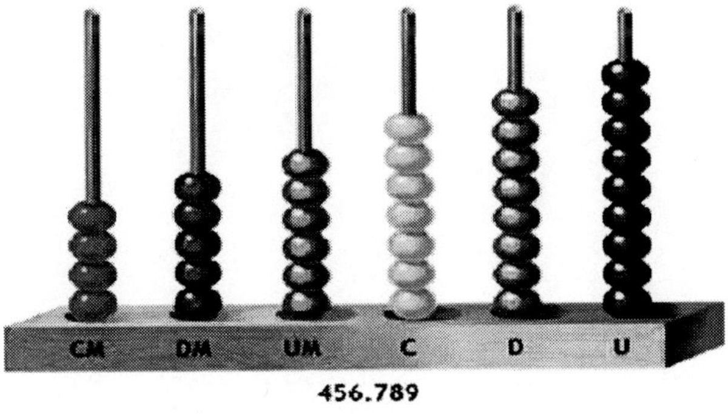

Figura: Ábaco – Fonte: https://educador.brasilescola.uol.com.br/estrategias-ensino/abaco.htm

Na primeira haste, você tem quatro argolas representando 4 (quatro) centenas de milhar.

Na segunda haste, você tem cinco argolas representando 5 dezenas de milhar.

E assim por diante, até chegarmos à haste de unidades com 9 argolas representando 9 unidades.

O artigo da Revista Brasil Escola pode ser acessado pelo QR Code:

Outra invenção de destaque foram os bastões de John Napier que foram inventados em 1615 e buscavam facilitar o cálculo da operação de multiplicação:

Fonte: https://pt.wikipedia.org/wiki/John_Napier

No século XXVIII, um inglês chamado Charles Babbage, denominado por muitos como o "pai do computador", propôs a ideia de duas máquinas que seriam consideradas posteriormente a base para os computadores atuais: a máquina Diferencial e a sua sucessora, a Máquina Analítica.

Em meados do século XIX, em plena segunda fase da Revolução Industrial, estavam em progresso muitas tentativas de automação de processos, com destaque para aqueles envolvendo cálculos para a composição de tabelas trigonométricas e de logaritmos quer para o emprego na navegação, na pesquisa científica ou na engenharia.

Algumas pessoas tentavam conceber máquinas que executassem este tipo de cálculo, tendo sido construídos vários modelos. A máquina mais avançada, entretanto, jamais entrou em produção: a chamada **máquina diferencial de Babbage**.

Um modelo foi apresentado por Babbage, na Inglaterra, em 1822, capaz de resolver equações polinômicas através de diferenças entre números, e assim, efetuar os cálculos necessários para construir tabelas de logaritmos.

Máquina Diferencial:

Fonte: https://pt.wikipedia.org/wiki/M%C3%A1quina_diferencial

Para acessar o link, use este QR Code:

Máquina Analítica:

A **máquina analítica**, também conhecida como **engenho analítico** foi proposto pelo professor de matemática e pioneiro da ciência da computação Charles Babbage. A máquina foi descrita pela primeira vez em 1837, como a sucessora da Máquina Diferencial (um design para um computador mecânico mais simples).

A máquina analítica incorporava uma unidade lógica aritmética, fluxo de controle na forma de ramificações condicionais, loops e memória integrada, tornando-a o primeiro projeto para um computador de uso geral que poderia ser descrito em termos modernos como Turing-complete. Em outras palavras, a estrutura lógica da Máquina analítica era essencialmente a mesma que dominou o design de computadores na era eletrônica. A Máquina analítica é uma das realizações mais bem sucedidas de Charles Babbage.

Veja aqui a reportagem da CNN Brasil com a evolução fantástica dos computadores nas últimas décadas:

Fonte: https://www.cnnbrasil.com.br/tecnologia/do-eniac-ao-notebook-confira-a-evolucao--dos-computadores-nas-ultimas-decadas/

A Figura a seguir mostra uma tabela com uma parte da evolução dos dispositivos computacionais nos séculos 19 e 20:

Ano	Nome	Construído por	Comentários
1834	Máquina analítica	Babbage	Primeira tentativa de construir um computador digital
1936	Z1	Zuse	Primeira máquina de calcular com relés
1943	COLOSSUS	Governo britânico	Primeiro computador eletrônico
1944	Mark I	Aiken	Primeiro computador norte-americano de uso geral
1946	ENIAC	Eckert/Mauchley	A história moderna dos computadores começa aqui
1949	EDSAC	Wilkes	Primeiro computador com programa armazenado
1951	Whirlwind I	MIT	Primeiro computador de tempo real
1952	IAS	von Neumann	A maioria das máquinas atuais usa esse projeto
1960	PDP-1	DEC	Primeiro minicomputador (50 vendidos)
1961	1401	IBM	Máquina para pequenos negócios, com enorme popularidade
1962	7094	IBM	Dominou computação científica no início da década de 1960
1963	B5000	Burroughs	Primeira máquina projetada para uma linguagem de alto nível
1964	360	IBM	Primeira linha de produto projetada como uma família
1964	6600	CDC	Primeiro supercomputador científico
1965	PDP-8	DEC	Primeiro minicomputador de mercado de massa (50 mil vendidos)
1970	PDP-11	DEC	Dominou os minicomputadores na década de 1970
1974	8080	Intel	Primeiro computador de uso geral de 8 bits em um chip
1974	CRAY-1	Cray	Primeiro supercomputador vetorial
1978	VAX	DEC	Primeiro superminicomputador de 32 bits
1981	IBM PC	IBM	Deu início à era moderna do computador pessoal

Figura: Tabela com inventos de destaque – Fonte: Tanenbaum (2013)

Essa necessidade de facilitar a vida fez com que o ser humano desenvolvesse vários dispositivos. Atualmente, vivemos cercados de equipamentos por todos os lados.

Babbage nunca foi capaz de concluir a construção de nenhuma de suas máqu devido a conflitos com seu engenheiro-chefe e financiamento inadequado. A nas na década de 1940 é que os primeiros computadores de uso geral fo realmente construídos, mais de um século depois de Babbage ter propos pioneiro mecanismo analítico em 1837.

Fonte: https://pt.wikipedia.org/wiki/M%C3%A1quina_anal%C3%ADtica

Para acessar o link, use este QR Code:

Com a eclosão da II Guerra Mundial em 1939, foram destinados gra volumes de recursos para investimento em pesquisas, o que fez com surgissem os primeiros computadores na década 1940 e estas máquinas pararam de evoluir:

Eniac - O Primeiro Computador Eletrônico - Fonte: CNN Brasil

O chamado "hardware", componentes físicos de uma máquina, tem evo de forma muito significativa ao longo do tempo.

Alguns são dispositivos eletrônicos, como por exemplo, a Televisão, o celular, o projetor, o tablet, o computador, o micro-ondas, uma lanterna e uma geladeira.

Outros não são dispositivos eletrônicos, como por exemplo, uma chave de fenda um alicate ou um martelo.

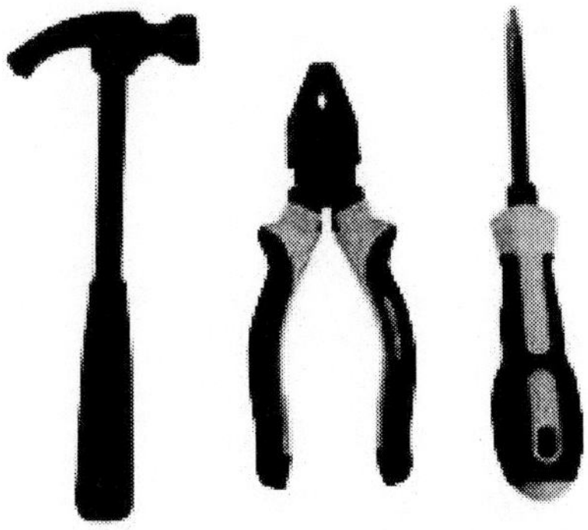

Observe que dispositivos eletrônicos podem estar ligados ou desligados e a mudança de estado entre ligado-desligado é feita através de uma chave (interruptor) liga-desliga além de precisarem receber algum tipo de alimentação elétrica ou por baterias/pilhas.

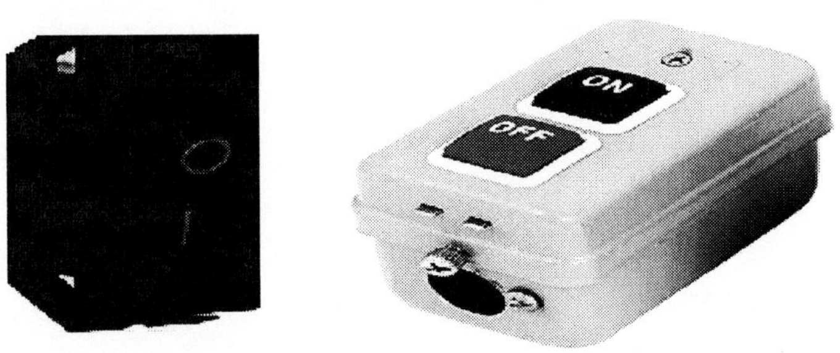

Fonte:https://www.amazon.com.br/Interruptor-DESLIGADO-posi%C3%A7%C3%B5es-resistente-eletrodom%C3%A9sticos/dp/B09V5DSKNS

Os cuidados com equipamentos eletrônicos são diferentes dos cuidados que devemos ter com dispositivos não eletrônicos.

Dispositivos eletrônicos que usam energia elétrica precisam de um cuidado maior para evitarmos problemas com a rede elétrica como choques e curtos-circuitos.

Outra questão importante com dispositivos eletrônicos diz respeito à faixa de voltagem elétrica na qual eles operam. Antes de ligar um equipamento na rede elétrica é necessário saber se ele é 110V ou 220V ou se é BIVOLT, isto é, se aceita e se adapta a qualquer uma das duas voltagens padronizadas.

Material Complementar:

Introdução à Computação: https://youtu.be/Oo8X34shyCg

Introdução ao Computador: https://youtu.be/Qhn2-DSo6dA

Conceitos Básicos: https://youtu.be/eogfwdVcybk

Atividades

1. Na sua opinião, por que os seres humanos inventaram e aperfeiçoaram tantos dispositivos ao longo do tempo?
2. Pesquise por outras invenções que não foram citadas no texto e que você considera importantes.
3. Quais são as atribuições de cada um dos componentes da UCP (Unidade Central de Processamento)?
4. Você tem computador em casa? Qual é a configuração do(s) computador(es) da sua casa?
5. Por que em geral é necessária uma unidade de memória externa (disco rígido) se já existem os registradores e a memória principal?
6. Pesquise as características e preços dos principais componentes de um computador disponíveis para venda (placa mãe, memória, gabinete etc.).
7. Ao adquirir um equipamento novo, antes de ligá-lo na tomada elétrica o que se deve fazer?
8. Na sua casa, quando se adquire um equipamento eletrônico novo, há o hábito de ler o MANUAL DE INSTRUÇÕES desse equipamento?

Palavras Cruzadas

1. Sobrenome do inventor inglês que propôs a Máquina Analítica, considerada por muitos o projeto base do computador moderno
2. Considerado o primeiro computador eletrônico
3. Empresa criada por Steve Jobs e Steve Wozniack que lançou um dos primeiros microcomputadores na década de 1970
4. Um dos primeiros dispositivos criados pelo homem para fazer cálculos

5. Nome genérico dos componentes físicos dos computadores

6. Nome genérico dos programas dos computadores

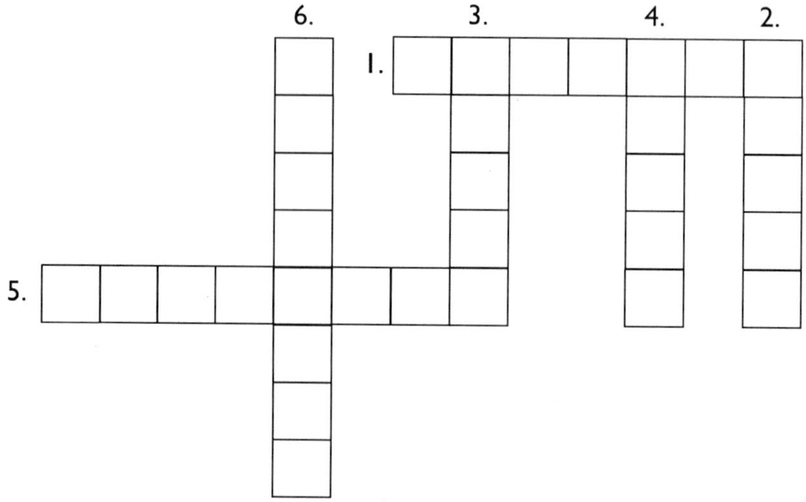

1.2 - Conceito de interface de comunicação com objetos e equipamentos (EI03C008)

Outra questão importante é que esses dispositivos têm a sua forma de interação com os mesmos e nós precisamos aprender a lidar com eles para tirarmos o melhor de cada uma dessas máquinas.

O mecanismo que permite a comunicação com um equipamento é conhecido como **INTERFACE**:

Interface

Por exemplo, em uma máquina de lavar roupas tem um painel que é usado quando precisamos ligá-la, ajustar o modo de operação:

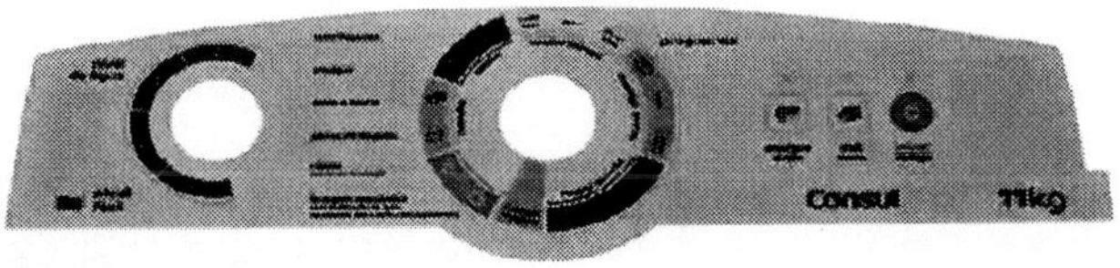

Já no caso de uma TV, as necessidades são diferentes, precisamos ligá-la e escolher um canal para assistir ou um aplicativo para rodar através de um controle remoto:

A operação de um celular possibilita além das funcionalidades convencionais de um telefone, a instalação e uso de aplicativos com finalidades diversas, tendo os smartphones aproximado os celulares dos computadores pessoais.

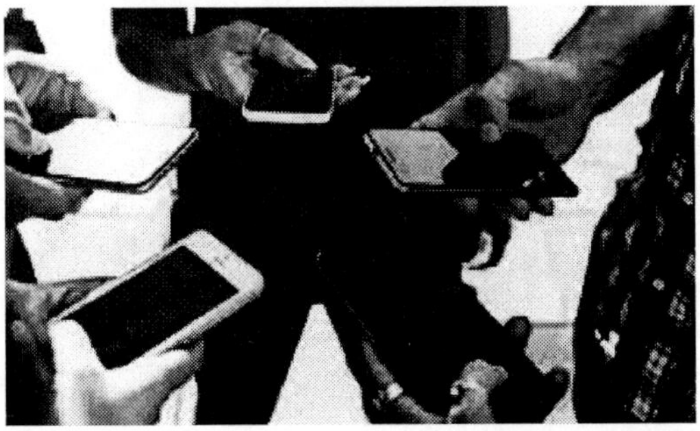

Observe que usamos o teclado ou uma tela sensível ao toque para interagirmos com o HARDWARE e o SOFTWARE do aparelho celular. Esse conjunto de hardware e software formam a INTERFACE de comunicação entre o usuário e o aparelho celular.

Uma das formas mais modernas de interfaces disponíveis atualmente é a **Alexa**, que é o nome da assistente virtual da empresa Amazon, introduzida em 2014, sendo focada em atender ao usuário com comandos de voz para realizar as tarefas do dia a dia.

Sendo assim, a Alexa é capaz de entender ordens verbais e executar tarefas simples, como configurar alarmes, informar a situação do trânsito, dizer a previsão do tempo, executar uma lista de músicas ou apagar ou ligar as luzes. A figura a seguir, mostra a página da Alexa no App Store:

Figura: Possibilidades da Alexa – Fonte: https://apps.apple.com/br/app/amazon-alexa

Atividades

1. Na sua casa, quantos controles remotos existem?
2. Quais são os controles remotos que você identificou na sua casa?
3. Qual controle remoto você considera melhor de usar?
4. Quantos tipos de formas diferentes de interação com máquinas e equipamentos são utilizados na sua casa?
5. Na sua casa, quantos celulares existem? Quais são as marcas? Você considera qual dos celulares da sua casa mais fácil de usar?

6. Você já conhece alguém que usa a Alexa? Pesquise como funciona e explique em detalhes.

7. Discuta com seus colegas qual é o futuro em termos de interação entre pessoas e máquinas. Escreva uma redação com as suas conclusões.

8. Você acha que poderemos ter equipamentos comandados por ordens mentais ou telepatia como nos filmes de ficção?

Palavras Cruzadas

1. Mecanismo genérico que estabelece a comunicação com um usuário

2. O mesmo que monitor de vídeo e que permite visualizar uma interface de um programa

3. Dispositivo que permite apontar e clicar sobre uma opção de uma interface

4. Assistente virtual da Amazon

5. Sistema operacional pessoal que impôs a sua interface como dominante no mundo dos microcomputadores pessoais

6. Elemento base da interface do sistema operacional da Microsoft

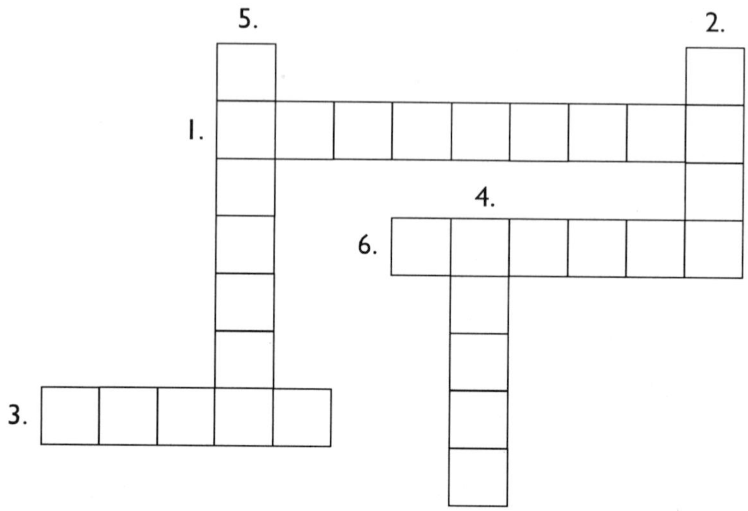

1.3 - Dispositivos computacionais e formas de interação (EI03c009)

Os dispositivos computacionais precisam ser programados e comandados! Essas necessidades de interação com essas máquinas evoluíram de forma fantástica nas últimas décadas.

Para efeito de comparação e análise, vejamos o painel de programação do ENIAC:

ENIAC - O Primeiro Computador Eletrônico - Fonte: CNN Brasil

Observe que essas primeiras programadoras da década de 1940 estão usando PLUGS que eram encaixados em fendas para definir conteúdos binários para serem processados, o que era uma forma bastante rudimentar de programar e entrar com os dados para essas máquinas.

Deve-se destacar que a programação de uma tarefa simples levava horas para a computação dos resultados em meros segundos.

Ao longo de poucas décadas, essa INTERFACE de interação com os computadores foi mudando drasticamente. O primeiro microcomputador da Apple, o Apple-1, projetado por Steve Jobs, trouxe um teclado rudimentar em um gabinete de madeira:

Fonte: https://www.techtudo.com.br/noticias/2011/10/heranca-de-steve-jobs-entenda-como--apple-mudou-o-mundo.ghtml

Acesse a matéria pelo QR Code a seguir:

Quase na mesma época, Douglas Engelbart inventou o primeiro mouse, cujas características rudimentares podem ser vistas na figura a seguir:

Fonte: https://commons.wikimedia.org/wiki/File:Douglas_Engelbart

A seguir, em poucas imagens, vamos mostrar o estágio atual desses mecanismos de interação com os computadores:

Os Dispositivos de entrada (mouse e teclado) e saída (headset):

Fonte: https://www.terabyteshop.com.br/produto/23018/combo-gamer-gamdias-poseidon-m2-4-em-1-teclado-mouse-mousepad-e-headset

Atividades

1. Na sua opinião, por que os seres humanos inventaram e aperfeiçoaram tantos dispositivos ao longo do tempo?
2. Você viu a imagem do primeiro MOUSE? Pesquise sobre a evolução do MOUSE.
3. Compare um mouse de hoje ao primeiro mouse.

4. As primeiras máquinas como o ENIAC ou EDSAC possuíam telas ou monitores? Se não existiam telas, como se tinha conhecimento dos resultados obtidos pelos programas?

5. Você tem computador em casa? Qual é a configuração do(s) computador(es) da sua casa?

6. Pesquise sobre a evolução dos monitores de vídeo, descrevendo-os ao longo do tempo em termos de tamanho, uso de cores, resolução, dentre outras características.

7. Você prefere telas sensíveis ao toque ou convencionais?

8. Um teclado de um PC GAMER é igual ao teclado de um computador para um ambiente de escritório? Aponte as principais diferenças entre eles.

9. Quais são as características importantes para uma câmera a ser usada em um computador? Pesquise modelos e preços de câmeras.

10. Pesquise quanto custaria automatizar e integrar a sua casa para ser controlada pela Alexa (veja o item 1.2 – Conceito de Interface).

Palavras Cruzadas

1. Dispositivo usado para apontar e selecionar objetos na tela

2. Dispositivo usado para capturar som

3. Solução da Amazon que permite emitir comandos de voz

4. Tipo de tela que pode ser tocada para selecionar objetos em substituição ao mouse

5. Dispositivo de entrada dos mais antigos que permite a digitação como forma de entrada

6. Dispositivo que captura imagens

7. Ecoa o som que recebemos para podermos ouvi-lo

1.4 - Utilizar tecnologia digital de maneira segura, consciente e respeitosa (EI03CO10)

Essas amplas possibilidades do que fazer com o celular trouxeram o uso abusivo e excessivo, gerando a dependência e vício nesses equipamentos, conforme mostra a reportagem do G1, que pode ser lida apontando a câmera do seu celular para o QR Code abaixo:

https://g1.globo.com/tecnologia/noticia/2022/01/26/aproveitar-a-vida-real-o-movimento-para-abandonar-os-smartphones.ghtml

Psicólogo afirma que o vício a dispositivos eletrônicos assemelha-se ao vício em drogas:

> "Se você fica ansioso ao imaginar um mundo sem Facebook, Instagram ou WhatsApp, preste atenção no seu grau de dependência de novas tecnologias. Você pode estar viciado.
>
> Este experimento já foi realizado de forma involuntária recentemente quando milhões de pessoas ficaram frustradas quando essas três plataformas principais ficaram fora do ar por seis horas.
>
> Uma frustração que, em casos extremos, há quem se atreva a comparar com a síndrome de abstinência, vivenciada por quem abandona as drogas, o álcool ou o cigarro."

Fonte: https://g1.globo.com/bemestar/viva-voce/noticia/2021/10/18/nao-ha-muita-diferenca--entre-o-vicio-em-drogas-e-no-celular-diz-psicologo.ghtml

O Comitê Gestor da Internet alerta para os cuidados ao navegar na Internet:

> "Na Internet você pode fazer muitas coisas legais: pesquisar para a lição de casa, conversar com amigos, jogar online, ler livros, ouvir músicas e assistir a vídeos e filmes. E com tantas atividades para fazer na Internet, é importante que você tome alguns cuidados, para aproveitá-la ao máximo. Não é difícil usar a Internet com segurança".

A figura a seguir retrata bem essa recomendação:

Fonte: https://www.cgi.br/media/docs/publicacoes/13/20221010125014/guia-internet-segura.pdf

É importante que saibamos com quem estamos interagindo através da Internet!

Outra recomendação bacana do CGI.Br é no sentido que você deve estar ligado para proteger a PRIVACIDADE DAS OUTRAS PESSOAS:

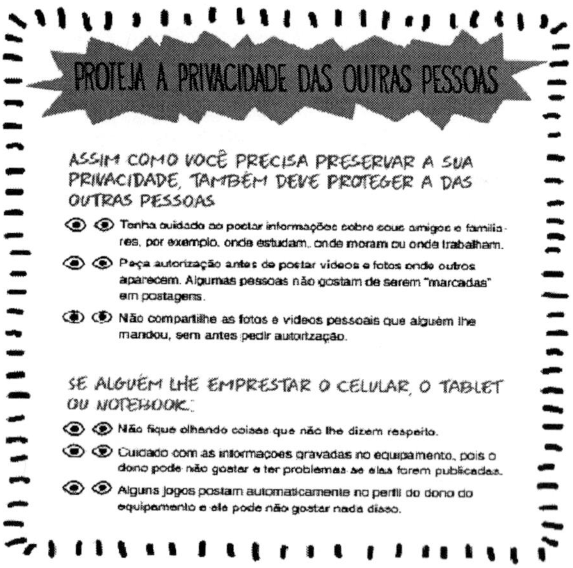

Fonte: https://www.cgi.br/media/docs/publicacoes/13/20221010125014/guia-internet-segura.pdf

Outra questão bastante comum é a prática de posturas abusivas nos ambientes virtuais. Alguns comportamentos abusivos mais comuns são:

Cyberbullying

"O bullying é uma forma de agressão física, verbal e psicológica que se mostra sistemática e contínua, fazendo com que um indivíduo ou um grupo ataque sistematicamente uma vítima com base em sua aparência ou no seu comportamento, que em geral não está enquadrado no padrão de normalidade estabelecido pelo grupo social. O cyberbullying, por sua vez, é a extensão da prática do bullying do ambiente físico para o plano virtual."

Fonte: https://brasilescola.uol.com.br/sociologia/cyberbullying.htm

Acesse a matéria no QR CODE a seguir:

Stalking

o *stalking* é a prática de atos que um determinado sujeito comete invadindo a intimidade da vítima, coagindo, perturbando e ameaçando a sua liberdade, ao ponto de exercer sobre esta influência emocional.

Fonte: https://brasilpaisdigital.com.br/stalking-perseguicao-nas-redes-sociais-e-crime

Acesse a matéria completa no **QR CODE** a seguir:

Legislação que criminaliza o STALKING:

Atividades

1. Você conhece alguém que usa computadores ou outros dispositivos eletrônicos em excesso?
2. O que seria uso excessivo para você em termos de horas por dia?
3. O que você entende por privacidade?
4. Como você poderia navegar na Internet com segurança?
5. Você costuma fazer amizades virtuais? Quais são os riscos dessas amizades virtuais?
6. Você conhece algum caso de violação de privacidade na sua família ou escola?
7. Você já ouviu falar em CYBERBULLYING ? Conheceu algum caso?
8. Você já ouviu falar de algum caso de STALKING?
9. Produza um tipo de manual com recomendações para seus colegas usarem a Internet com segurança.

Palavras Cruzadas

1. Preconceito contra homossexuais
2. Preconceito contra estrangeiros
3. Perseguição continuada contra pessoas nas redes sociais

4. Barreira que impede a entrada de ameaças virtuais em uma rede

5. Ataques continuados em ambientes virtuais

6. Ataques e humilhações continuadas pessoalmente

7. Opinião formada de forma antecipada e sem uma avaliação equilibrada

8. Software que protege o seu computador contra ataques conhecidos

1.5 - Hábitos Saudáveis ao usar dispositivos computacionais, seguindo recomendações dos órgãos competentes (EI03C011)

A Sociedade Brasileira de Pediatria, entidade médica que congrega mais de 25 mil especialistas na área, aconselha o uso moderado de aparelhos eletrônicos por crianças e adolescentes.

Em seu **Manual de Orientação #MenosTelas #MaisSaúde**, a SBP orienta sobre os tempos de exposição e uso de aparelhos eletrônicos:

- Viver com mais saúde é do lado de cá junto com as crianças e adolescentes, não é do lado de lá das telas com robôs e algoritmos!
- Evitar a exposição de crianças menores de 2 anos às telas, sem necessidade (nem passivamente!)
- Crianças com idades entre 2 e 5 anos, limitar o tempo de telas ao máximo de 1 hora/dia, sempre com supervisão de pais/cuidadores/ responsáveis.
- Crianças com idades entre 6 e 10 anos, limitar o tempo de telas ao máximo de 1-2 horas/dia, sempre com supervisão de pais/responsáveis.
- Adolescentes com idades entre 11 e 18 anos, limitar o tempo de telas e jogos de videogames a 2-3 horas/dia, e nunca deixar "virar a noite" jogando.
- Não permitir que as crianças e adolescentes fiquem isolados nos quartos com televisão, computador, tablet, celular, smartphones ou com uso de webcam; estimular o uso nos locais comuns da casa.
- Para todas as idades: nada de telas durante as refeições e desconectar 1-2 horas antes de dormir.
- Oferecer alternativas para atividades esportivas, exercícios ao ar livre ou em contato direto com a natureza, sempre com supervisão responsável.
- Nunca postar fotos de crianças e adolescentes em redes sociais públicas, por quaisquer motivos.
- Criar regras saudáveis para o uso de equipamentos e aplicativos digitais, além das regras de segurança, senhas e filtros apropriados para toda família, incluindo momentos de desconexão e mais convivência familiar.
- Encontros com desconhecidos online ou off-line devem ser evitados, saber com quem e onde seu filho está, e o que está jogando ou sobre conteúdos de risco transmitidos (mensagens, vídeos ou webcam), é responsabilidade legal dos pais/cuidadores.
- Estimular a mediação parental das famílias e a alfabetização digital nas escolas com regras éticas de convivência e respeito em todas as idades e

situações culturais, para o uso seguro e saudável das tecnologias.

- Conteúdos ou vídeos com teor de violência, abusos, exploração sexual, nudez, pornografia ou produções inadequadas e danosas ao desenvolvimento cerebral e mental de crianças e adolescentes, postados por cyber criminosos devem ser denunciados e retirados pelas empresas de entretenimento ou publicidade responsáveis.

- Identificar, avaliar e diagnosticar o uso inadequado precoce, excessivo, prolongado, problemático ou tóxico de crianças e adolescentes para tratamento e intervenções imediatas e prevenção da epidemia de transtornos físicos, mentais e comportamentais associados ao uso problemático e à dependência digital.

- Leis de proteção social e do uso seguro e ético das tecnologias existem, devem ser respeitadas por todos e multiplicadas em campanhas de educação em saúde accessíveis ao público, em geral.

- Responsabilidade social é também uma questão de direitos à saúde e prevenção de riscos e danos para Crianças e Adolescentes na Era Digital.

O manual completo pode ser obtido através do QR Code a seguir:

Link: https://www.sbp.com.br/fileadmin/user_upload/_22246c-ManOrient_-__MenosTelas__MaisSaude.pdf

Atividades

1. Você sabe quantas horas por dia você usa seus dispositivos eletrônicos como celular, tablet ou computador?

2. Que tal medir o tempo de uso com uma tabela semanal de horas de uso?

Anote na tabela abaixo a quantidade de horas que você usou seus dispositivos em cada turno dos dias da semana. No final da semana, some as quantidades de horas que você fez uso na semana.

TURNO/ DIA	DOM	SEG	TER	QUA	QUI	SEX	SÁB
MANHÃ							
TARDE							
NOITE							
TOTAL							

1. Analise junto com a sua família a quantidade de horas semanais que você fez uso de dispositivos eletrônicos na semana em questão.
2. Compare esses tempos obtidos com outras atividades que você fez nesta mesma semana como passear, praticar esportes, estudar, conversar com amigos e familiares, por exemplo.
3. Será que você está fazendo uso excessivo dos seus dispositivos eletrônicos?
4. Pesquise sobre as chamadas doenças ocupacionais que podem ser adquiridas devido ao uso excessivo de dispositivos eletrônicos.
5. Discuta sobre o tema com a sua família.

Pesquise e Responda:

1. Quais são os dispositivos eletrônicos que você tem na sua casa?
2. Quais deles você usa sem a ajuda de outras pessoas?
3. Qual equipamento eletrônico você mais usa?
4. Para que você usa esse equipamento mais utilizado?

5. Você já parou para pensar sobre usos alternativos de um determinado equipamento?
6. Na sua casa, quais equipamentos são mais utilizados por cada membro da sua família?

Palavras Cruzadas

Preencha as palavras cruzadas com os termos pedidos:

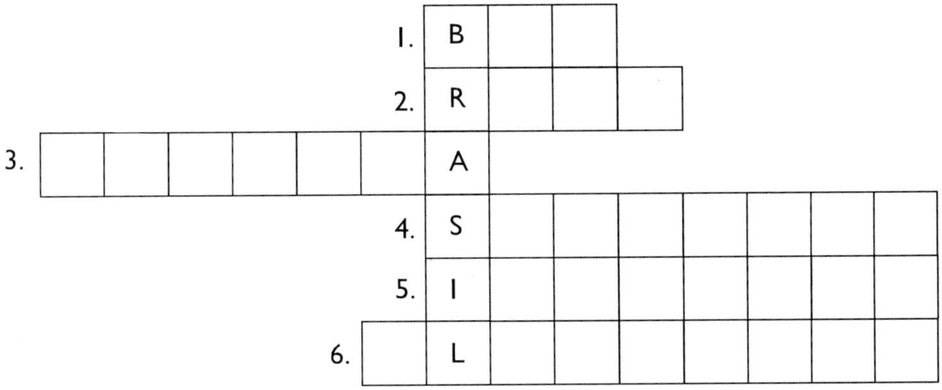

1. Menor porção de informação em um computador digital
2. Conjunto de dois ou mais computadores interligados
3. Componente do HARDWARE que armazena programas e dados
4. Designação da parte lógica e inteligente que controla um sistema computacional
5. Maior rede mundial de computadores
6. Conjunto de passos ordenados voltados para resolver um problema.

Parte 2

Fundamental I - Turmas 1°. ao 5°. Anos

Competências/Habilidades A Serem Trabalhadas

1. Componentes Básicos de dispositivos computacionais (EF15C006)
2. Conceito de Sistema Operacional e sua importância na integração entre Hardware e Software (EF15C007)
3. Codificação da Informação e o armazenamento, manipulação e transmissão em dispositivos computacionais (EF15C005)
4. Tecnologias Computacionais para pesquisa, acessar informações e resolver problemas (EF15C008)
5. Legislação, Ética e Direitos autorais e de imagem (EF15C009)

2.1 Componentes Básicos de dispositivos computacionais (EF15C006)

Os dispositivos computacionais (computadores, tablets, celulares, dentre outros) são estruturados em função de um padrão proposto pelo cientista John Von Neumann, na década de 1940, nos Estados Unidos.

Neumann propôs uma organização que se baseava em blocos funcionais com funções bem específicas: entrada, processamento, armazenamento e saída. Sua proposta pode ser vista na figura a seguir:

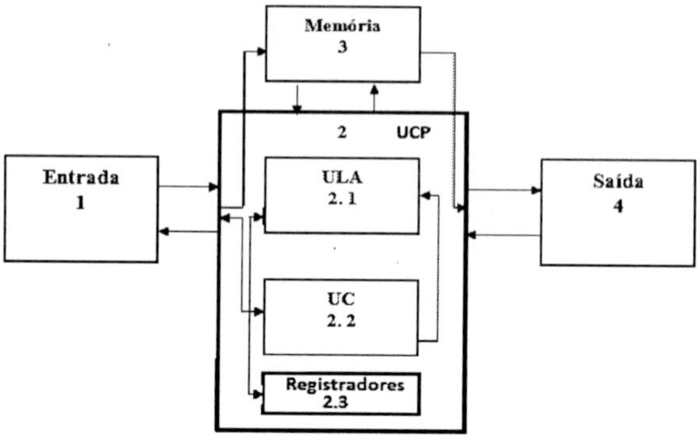

Fonte: Paiva (2021)

Esta mesma figura pode ser vista da seguinte forma em Tanenbaum (2013);

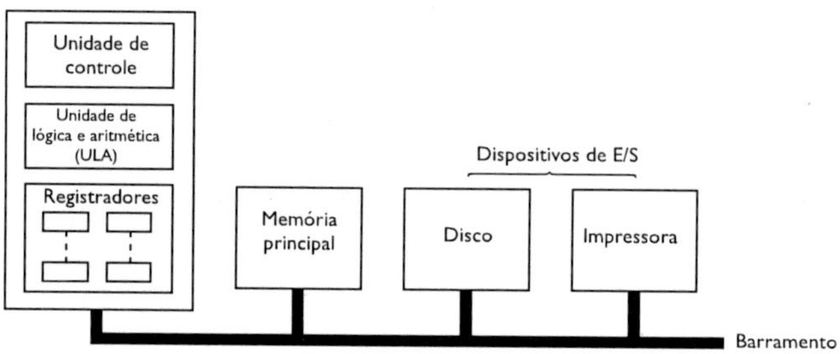

Dispositivos de entrada são aqueles que permitem a entrada de dados em um sistema computacional, sendo exemplos desse tipo de equipamento: o teclado, o mouse, telas sensíveis ao toque, dentre outros.

Os dispositivos de saída são aqueles que permitem que os resultados obtidos pelo sistema computacional sejam conhecidos pelo mundo fora dele. São exemplos de dispositivos de saída: os monitores de vídeo, as impressoras, caixas de som, etc.

A Unidade Central de Processamento (UCP) é responsável pelo processamento e pelo gerenciamento das demais unidades do sistema computacional.

A UCP é subdividida em ULA (Unidade Lógica e Aritmética), que é responsável pelas operações lógicas (verdadeiro e falso) e aritméticas (adição, subtração, multiplicação, divisão, dentre outras operações).

A UCP possui ainda pequenas memórias rápidas, chamadas de registradores, que são usadas para realizar as operações aritméticas, lógicas ou de endereçamento de dados na memória.

Outra representação interessante da visão da arquitetura interna de um computador pode ser vista na Figura a seguir:

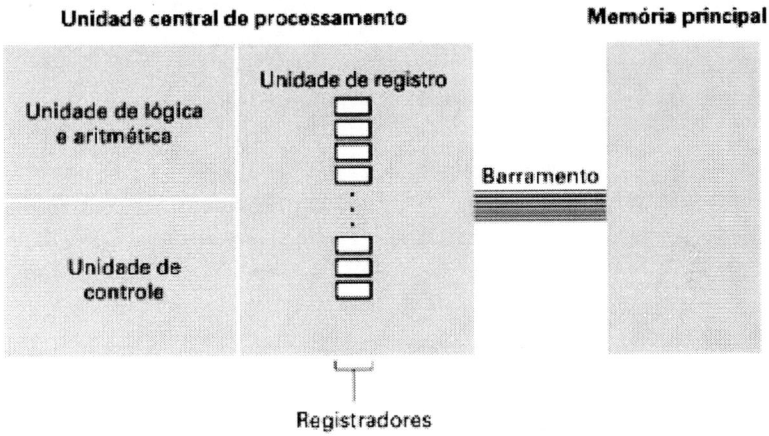

Figura: Arquitetura Básica Computador – Brookshear(2016)

Funcionamento do Computador

De uma forma simplificada, todos os computadores, independentemente dos seus portes, são conceitualmente semelhantes ao esquema da Figura Arquitetura Básica Computador – Brookshear(2016)

Resumidamente, podemos afirmar que existem 4 (quatro) operações básicas que qualquer computador pode executar:

1. **Operações de entrada e saída:** ler dados do teclado e escrever dados na tela são exemplos destas operações. Elas servem para introduzir dados na memória do nosso computador e exibir dados que já estejam lá armazenados;

2. **Operações aritméticas:** são utilizadas na realização de operações matemáticas (adição, subtração, multiplicação e divisão, por exemplo);

3. **Operações lógicas e relacionais:** têm aplicabilidade em comparações, testes de condições lógicas (2 > 6 ? ou X =Y ?);

4. **Movimentação de dados entre os vários componentes do computador:**

as operações aritméticas são executadas na Unidade Lógica e Aritmética, necessitando da transferência dos dados da memória para essa unidade e o retorno do resultado final da operação para ser guardado na memória.

Resolvendo um Problema em um Computador

Suponha que queiramos resolver o seguinte problema: a partir de dois números que serão informados, calcular a adição dos mesmos. Se você fosse encarregado de efetuar essa tarefa, seria bem provável que utilizasse os passos ou ALGORTIMO a seguir:

A. saber quais são os números;

B. calcular a soma dos números;

C. responder à questão com o valor do resultado.

Vejamos como seria resolvido esse mesmo problema em termos das operações básicas citadas anteriormente, decompondo as tarefas A, B e C em termos das operações básicas de um computador:

a1. operação de digitação do primeiro número;

a1.1. movimentação do número digitado do dispositivo de entrada para a memória;

a2. operação de digitação do segundo número;

a2.1. movimentação do número digitado do dispositivo de entrada para a memória;

b1. movimentação dos valores dos números entre a memória e a ULA;

b1.1. move o primeiro número da memória para a ULA;

b1.2. move o segundo número da memória para a ULA;

b2. operação aritmética de somar os 2 números;

b3. movimentação do resultado da ULA para armazenar na memória;

c1. operação de saída do resultado, que está guardado na memória, para o dispositivo de saída desejado.

A figura a seguir ilustra como a ULA processa esse algoritmo de soma de dois números:

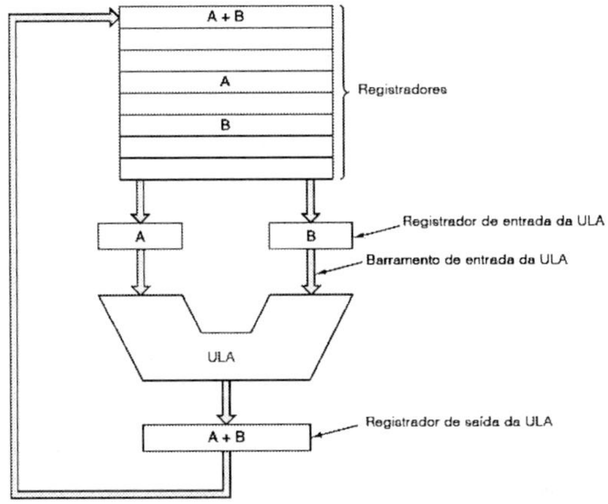

Figura: ULA e Registradores na soma de A+ B – Fonte: Tanenbaum (2013)

Observe que os registradores internos da CPU são usados como memórias intermediárias no processo de cálculo da soma de A + B.

Esses elementos internos de um computador formam o **HARDWARE** de um dispositivo computacional, que são os elementos físicos constituintes dessa máquina.

Em nossas aulas, usamos o PAINEL DE CONTROLE a seguir para explicar essa dinâmica de funcionamento de um algoritmo internamente ao computador:

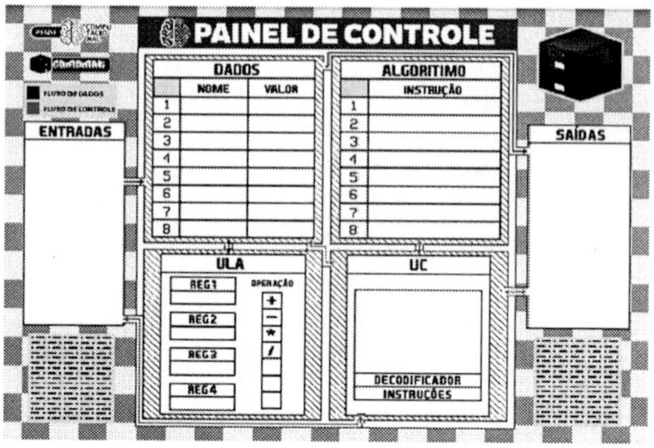

Figura: Painel de Controle – Fonte: Paiva (2022)

O funcionamento integrado entre o HARDWARE e o ALGORITMO usando o painel de controle pode ser visto no vídeo a seguir:

Em um microcomputador desktop, todos esses componentes do hardware orbitam em torno de um gabinete que pode ser visto na figura a seguir:

Fonte: https://www.terabyteshop.com.br/produto/23232/gabinete-gamer-galax-revolution-05--mid-tower-vidro-temperado-atx-black-sem-fonte-com-4-fans-cgg5anba4b0

A Placa Mãe fica contida dentro do gabinete e congrega todos os elementos constituintes de um computador (memória, UCP, dispositivos de entrada/saída):

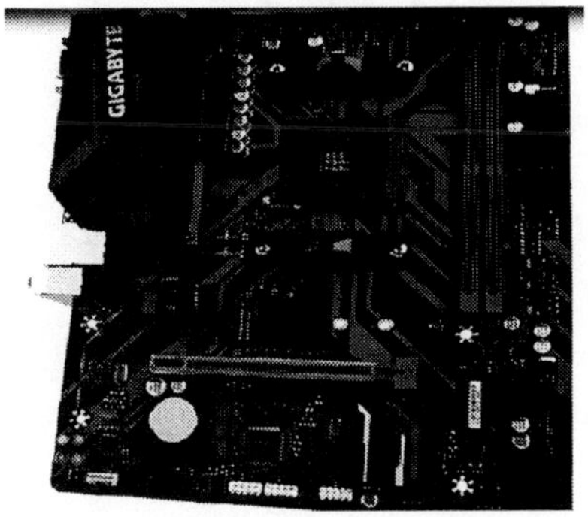

Placa Mãe - Fonte: https://www.terabyteshop.com.br/hardware/placas-mae

O processador, cérebro de um dispositivo computacional, também funciona encaixado na placa mãe:

Processador – AMD - Fonte: https://www.terabyteshop.com.br/produto/20813/processador-amd-ryzen-7-5700x-34ghz-46ghz-turbo-8-cores-16-threads-am4-sem-cooler-100-100000926wof

A memória RAM (Random Access Memory), queé a memória interna de um computador, sendo usada para armazenar programas e dados, é estruturada nos chamados Pentes de memória:

Pente de Memória - Fonte: https://www.terabyteshop.com.br/produto/23100/memoria-ddr4-kingston-fury-beast-rgb-8gb-3200mhz-preto-kf432c16bba8

A memória principal tem uma característica importante que é o fato de ser VOLÁTIL, isto é, quando desligamos o computador, tudo o que ela armazenava será perdido.

Por essa característica RUIM da RAM, temos a necessidade de armazenar os nossos dados de forma permanente em dispositivos que possam arquivar de forma permanente. O principal dispositivo voltado para armazenamento definitivo é o disco rígido (Hard Disk).

O disco rígido é conectado à placa mãe e nele são gravados o sistema operacional, os programas e os dados do usuário.

Figura: HD – Fonte: https://www.amazon.com.br/Seagate-Disco-r%C3%ADgido-HDD-Desktop/dp/B01KALOV08

O disco Rígido é organizado internamente em trilhas concêntricas, que são divididas em setores:

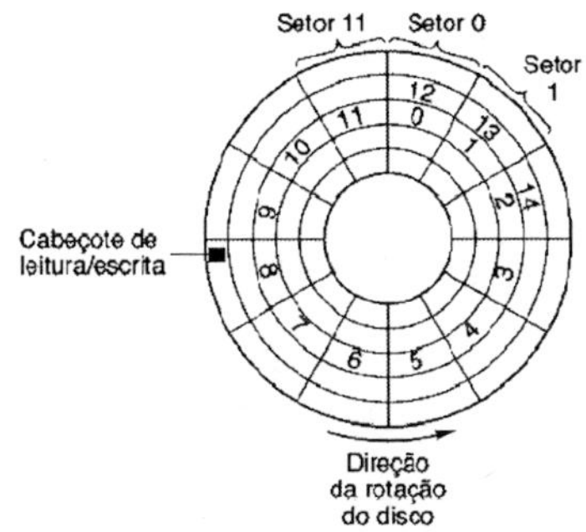

Figura: Estrutura Interna HD – Fonte: Tanenbaum (2013)

O HD fica rodando e a leitura/gravação é feita por um cabeçote que faz movimentos perpendiculares sobre a superfície do disco.

Com a queda dos preços dos SSDs (Solid State Disks), que é um dispositivo de armazenamento bem mais rápido que o HD, tem havido um movimento no sentido de substituição dos HDs por unidades SSDs, permitindo que as operações de inicialização do sistema operacional e de leitura/gravação de arquivos sejam muito mais rápidas.

Figura: Unidade SSD – Fonte: Amazon

Você deve estar se perguntando se deve usar HD ou SSD. A figura a seguir, ajuda a comparar esses dois dispositivos de armazenamento:

Figura: HD X SSD – Fonte: https://www.avast.com/pt-br/c-ssd-vs-hdd

Os Dispositivos de entrada (mouse e teclado) e saída (headset):

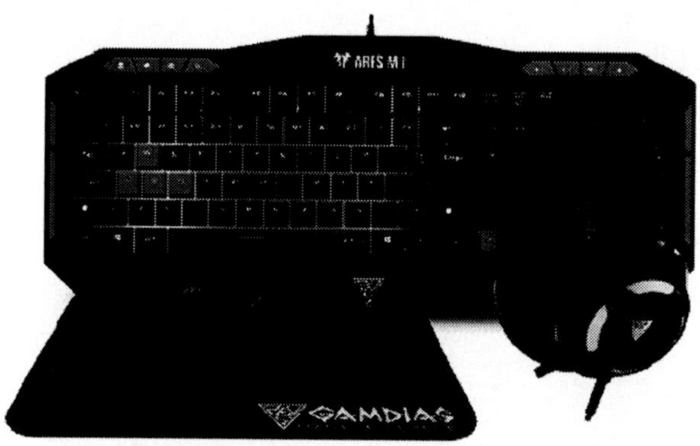

Fonte: https://www.terabyteshop.com.br/produto/23018/combo-gamer-gamdias-poseidon-m2-4-em-1-teclado-mouse-mousepad-e-headset

Outro dispositivo de saída imprescindível é o monitor de vídeo:

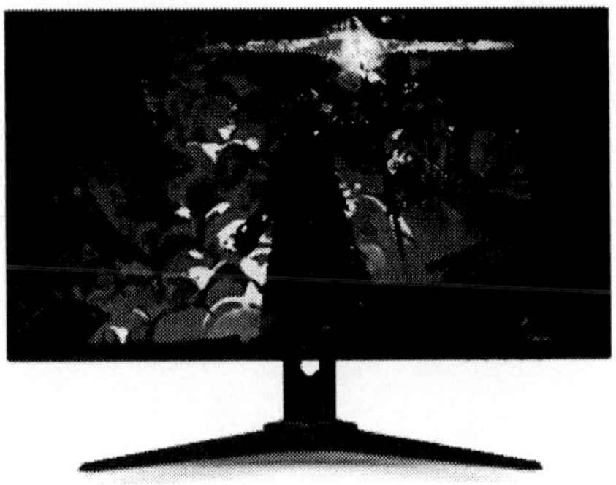

Figura: Monitor – Fonte: Amazon

O monitor permite que o usuário tenha acesso visual às informações que ele precisa. Quanto maior o monitor, maior o seu preço. Um monitor tem várias características importantes que são determinantes para sua escolha, dentre elas, podemos destacar:

- Tamanho da tela;
- Tamanho do ponto;
- Taxa de contraste;
- Tipo de placa controladora (Interface);
- Frequência de sincronismo horizontal;
- Frequência de sincronismo vertical;
- Tempo de resposta
- Taxa de atualização

Os monitores atualmente usam as seguintes tecnologias básicas:

- **CRT** (Cathodic Ray Tube), em inglês, sigla de (Tubo de raios catódicos) é o monitor "tradicional";

- **LCD** (*Liquid Cristal Display*), em inglês, sigla de (tela de cristal líquido) é um tipo mais moderno de monitor.

Material Complementar:

Introdução ao Computador: https://youtu.be/Qhn2-DSo6dA

Conceitos Básicos sobre Sistemas Computacionais: https://youtu.be/eogfwd-Vcybk

Aprofundando mais sobre HARDWARE: https://youtu.be/oUqddzYYkiY

Atividades

1. Quais são os principais componentes de um computador?

2. Quais são os principais constituintes de uma UCP (Unidade Central de Processamento)?

3. Quais são as atribuições de cada um dos componentes da UCP?

4. Você tem computador em casa? Qual é a configuração do(s) computador(es) da sua casa?

5. Por que em geral é necessária uma unidade de memória externa (disco rígido) se já existem os registradores e a memória principal?

6. Pesquise as características e preços de computadores disponíveis no mercado e liste três configurações típicas encontradas.

7. Você trocaria o seu HD por um SSD?

8. Qual o tamanho e tecnologia do monitor do seu computador em casa ou na escola?

9. Use o PAINEL DE CONTROLE apresentado neste capítulo para ilustrar o funcionamento de um ALGORITMO para calcular a multiplicação de 2 números inteiros lidos pelo teclado.

Palavras Cruzadas

1. Sigla do componente da UCP que gerencia os demais componentes

2. Sigla do componente da UCP que realiza os cálculos e faz a lógica

3. Um dos principais dispositivos de entrada de dados

4. Elemento responsável por armazenar dados e programas

5. Memória pequena e rápida, localizada dentro da UCP e usada pela unidade lógica e aritmética

6. Caminho que interliga os componentes da Unidade Central de Processamento

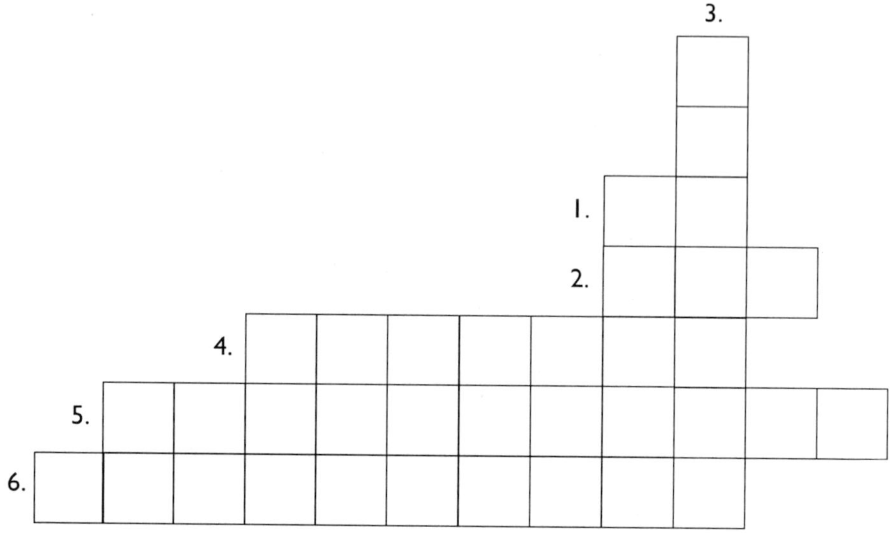

2.2 - Conceito de Sistema Operacional e sua importância na integração entre Hardware e Software (EF15C007)

O software é o componente criativo de um sistema computacional. BROOKSHEAR (2016) apresenta a sua árvore genealógica dos softwares:

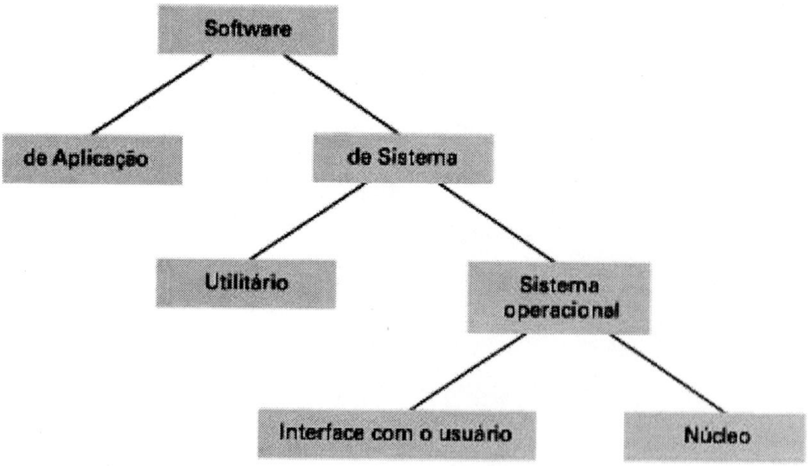

Figura: Árvore Genealógica Softwares – BROOKSHEAR(2016)

Observe que por esta classificação o software pode ser:

- Aplicativo – Resolve um problema da pessoa;
- De sistema – quando se volta para questões do sistema computacional;
- Utilitário – resolve problemas específicos do sistema – desfragmentação de disco;
- Sistema operacional – ponto de conexão entre o usuário e o hardware:
- interface com o usuário – as janelas do Windows, por exemplo;
- núcleo – o sistema propriamente dito.

O Sistema Operacional é o software (programa) mais importante de um sistema computacional, sendo responsável por gerenciar todos os recursos de hardware e software disponíveis.

Tanenbaum (2016) afirma que a estrutura de um sistema computacional é multinível, já que o usuário não interage diretamente com o hardware, precisando de níveis intermediários para estabelecer essa comunicação.

Fonte: https://www.amazon.com.br/Sistemas-operacionais-modernos-Andrew-Tanenbaum--ebook/dp/B01IPIN4W4

Essa estrutura em camadas pode ser entendida pela análise da figura a seguir:

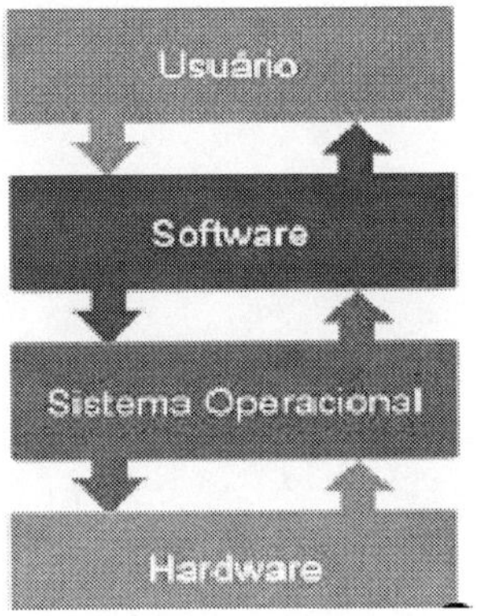

Fonte: https://pt.wikipedia.org/wiki/Sistema_operativo

Observe que a camada mais externa corresponde ao usuário, que interage com um software que, por sua vez, solicita ao sistema operacional o acesso à camada mais interna, que é o hardware, a máquina.

A interface serve de ponte entre o usuário e o NÚCLEO do sistema operacional, que trata diretamente com o HARDWARE.

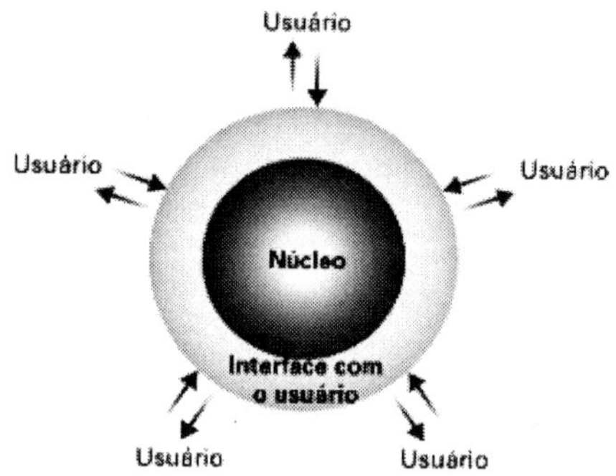

Figura – Interface de Um SO – BROOKSHEAR (2016)

Essas interfaces possuem características variadas e são dependentes de cada sistema operacional. Variam de interfaces simples baseadas em linhas de comandos até interfaces complexas comandadas por comandos de voz, por exemplo.

A interface do meu Windows 10:

Figura: Interface Windows – Fonte: Criação Própria

Atualmente, temos vários sistemas operacionais que possuem participação expressiva no mercado: Windows, Linux, Android, IOS, MAC OS, dentre outros.

Fonte: https://comofuncionam.com.br/tipos-de-sistemas-operacionais/

Em termos de participação e importância no mercado, podemos afirmar que o Windows domina o mercado para computadores e notebooks, enquanto que o Android domina o mercado para smartphones.

Principais Funções de um Sistema Operacional

O sistema operacional é o responsável por todas as atividades que são feitas no seu computador:

Gerência de Memória – todo acesso à memória principal do seu computador é gerenciada pelo sistema operacional para evitar perdas de dados ou conflitos por determinadas posições na memória;

Gerência de Programas ou processos – todos os programas que são executados em uma máquina são gerenciados pelo sistema operacional, disciplinando quem faz o que e quando;

Gerência de dispositivos (equipamentos) – todos os equipamentos que fazem parte do seu sistema computacional precisam ser controlados pelo sistema operacional, sendo assim quando você manda imprimir um documento, por exemplo, o SO é quem controla esse processo do início ao fim; quando algo é exibido na tela, o SO controla esse processo também;

Gerência de Arquivos – tudo o que você grava no seu computador é gerenciado pelo sistema operacional através de um módulo chamado sistema de arquivos, evitando a perda de dados;

Gerência de Redes – quando você acessa a Internet, essa troca de mensagens e conteúdos é também gerenciada pelo seu sistema operacional.

Material Complementar:

Conceitos de Software: https://youtu.be/4mLt40nXswl

Software – Sistema Operacional: https://youtu.be/ec3iuTMVqmE

Atividades

1. O que é um sistema operacional?

2. Quais são as principais funções de um sistema operacional?

3. Você tem computador em casa? Qual é o sistema operacional que você usa no seu computador?

4. 6. Pesquise quais são os sistemas operacionais dos celulares existentes na sua casa.

5. 7. Pesquise as características desses diferentes sistemas operacionais que você usa.

6. 8. Alguém na sua casa já teve que trocar o sistema operacional por conta da mudança do disco rígido do seu computador? Se sim, quais mudanças foram feitas por conta dessa troca?

7. 9. Pesquise utilitários do sistema operacional do seu computador.

8. 10. Quais softwares aplicativos você usa?

Palavras Cruzadas

1. Sistema Operacional dominante no segmento de smartphones
2. Sistema Operacional dominante no segmento de computadores pessoais
3. Na teoria de Sistemas Operacionais, um programa quando está em execução
4. Uma distribuição muito popular e bastante "leve" do Sistema Linux.
5. Programa auxiliar do Sistema Operacional, sendo responsável por realizar tarefas bem específicas como compactar ou desfragmentar uma unidade
6. Parte do Sistema Operacional responsável por lidar diretamente com o Hardware
7. Parte do Sistema Operacional responsável pela interação direta com o usuário

2.3 - Codificação da Informação e o armazenamento, manipulação e transmissão em dispositivos computacionais (EF15C005)

Antes de entrarmos no tema desta seção, vamos introduzir alguns conceitos básicos para que a nossa compreensão dos temas a serem tratados sejam mais facilmente compreendidos.

O primeiro conceito importante é o conceito de **DADO**: por dado entenda-se um elemento bruto que registra um evento, uma característica de algum objeto ou alguma transação ocorrida, por exemplo, a data 22/04/1500 por si só não tem muito sentido, mas o tratamento dessa data pode trazer informações associadas a esta data.

Se você pesquisar no Google com esta data, receberá como resultado milhares de links com informações associadas à mesma, portanto a **INFORMAÇÃO** é o resultado do processamento dos DADOS.

A **TECNOLOGIA DA INFORMAÇÃO** (TI) é a ferramenta que proporciona as condições para a coleta, armazenamento, processamento e transmissão da informação.

Um Exemplo Prático:

> Suponha que você receba um pedido do seu professor que precisa levar material para um grupo de alunos que está no ginásio da sua escola neste momento. Como você está sem recursos para contar, você resolve usar pedrinhas para associar cada aluno contado. Você usa dois locais, um para juntar pedras correspondentes aos meninos e outro para as meninas. Vai colocando pedrinhas correspondentes a cada colega que você vai contando. As pedras são meros dados. Ao contar as pedras correspondentes aos meninos e meninas, você estará processando dados e gerando informações. Com o resultado final sobre as quantidades de meninos e meninas, você usa um recurso da TI, o WHATSAPP de um amigo, para transmitir a informação para o seu professor.

Há alguns milênios os seres humanos vêm tentando CODIFICAR informações para a posteridade. Um exemplo interessante em território brasileiro é a Pedra de Ingá, na Paraíba:

"A **Pedra do Ingá** é um monumento arqueológico, identificado como «*itacoatiara*", constituído por um terreno rochoso que possui inscrições rupestres entalhadas na rocha, localizado no município brasileiro de Ingá, no estad o da Paraíba.

A formação rochosa em gnaisse cobre uma área de cerca de 250 m². No seu conjunto principal, um paredão vertical de 50 metros de comprimento por 3 metros de altura, e nas áreas adjacentes, há inúmeras inscrições cujos significados ainda são desconhecidos. Neste conjunto estão entalhadas figuras diversas, que sugerem a representação de animais, frutas, humanos e constelações como a de Órion".

Fonte: https://pt.wikipedia.org/wiki/Pedra_do_Ing%C3%A1

Mundo afora encontraremos várias outras tentativas de eternizar informações para a posteridade. O **Papiro** é originalmente uma planta perene da família das ciperáceas cujo nome científico é Cyperus papyrus, por extensão é também o meio físico usado para a escrita (precursor do papel) durante o Egito Antigo por volta de 2500 AC.

Fonte: https://pt.wikipedia.org/wiki/Papiro

Algarismos arábicos ou indo-arábicos são os dez dígitos: 0, 1, 2, 3, 4, 5, 6, 7, 8 e 9, criados com base no sistema numérico Indo-arábico, o sistema mais comum para a representação simbólica de números no mundo atual. A maioria dos historiadores coincide em afirmar que teve a sua origem na Índia (de fato, no árabe, este sistema de numeração é chamado de «números indianos»), e expandiu-se pelo mundo árabe e daí, via Alandalus, pelo resto da Europa.

Fonte: https://pt.wikipedia.org/wiki/Algarismos_ar%C3%A1bicos

A cultura popular credita o uso do sistema decimal de numeração devido ao número de dedos que possuímos nas mãos (10 dedos) e que eram usados nos processos de contagem pelos primeiros humanos.

O sistema decimal, que usa a base 10, utiliza dez dígitos: 0, 1, 2, 3, 4, 5, 6, 7, 8, e 9 para compor os seus números.

Sendo exemplos de números decimais: 7, 54, 78, 102, 1234 e 2345.

O sistema decimal é dito ser posicional porque cada dígito em número tem uma posição relativa que determina o seu valor absoluto em função de potências de 10, por exemplo:

$$751 = 700 + 50 + 1 =$$

$$= 7 \times 10^2 + 5 \times 10^1 + 1 \times 10^0 =$$

$$75 = 70 + 5 =$$

$$= 7 \times 10^1 + 5 \times 10^0$$

Graficamente, teríamos:

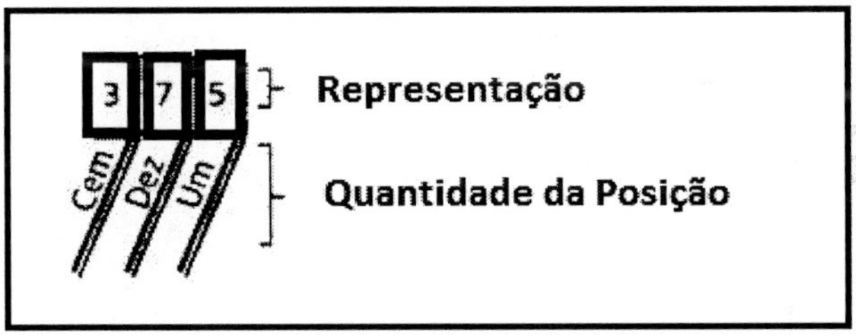

Figura: Valor Posicional no Sistema Decimal – Fonte: Brookshear(2016)

Deve-se ressaltar que os computadores não usam o sistema decimal. Eles usam o sistema binário. Essa opção dos computadores usarem o sistema binário deve-se ao fato do material utilizado para fabricar os componentes básicos dos computadores ser o silício, que é um elemento biestável, isto é, apresenta dois estados possíveis: magnetizado ou não magnetizado. O estado magnetizado corresponderia ao número 1 (um) e não magnetizado corresponderia ao número 0 (zero). Ou de outra forma, eletrizado seria 1 e não eletrizado seria 0 (zero). Por razões óbvias, a opção pela base dois deveu-se ao fato de ser praticamente impossível encontrar na natureza um material que pudesse ter 10 estados diferentes para representar os 10 dígitos do sistema decimal.

Sequências de zeros e uns podem representar qualquer número decimal. Vejamos como seria uma tabela de correspondência entre decimais e binários de 0 a 21:

Decimal	Binário	Decimal	Binário
0	0	11	1011
1	1	12	1100
2	10	13	1101
3	11	14	1110
4	100	15	1111
5	101	16	10000
6	110	17	10001
7	111	18	10010
8	1000	19	10011
9	1001	20	10100
10	1010	21	10101

Figura: Números Binários e Decimais – Fonte: Criação Própria

Para que se possa entender melhor o processo de conversão de binário para decimal, observe a figura a seguir que mostra a conversão do binário **100101** para seu valor correspondente em decimal:

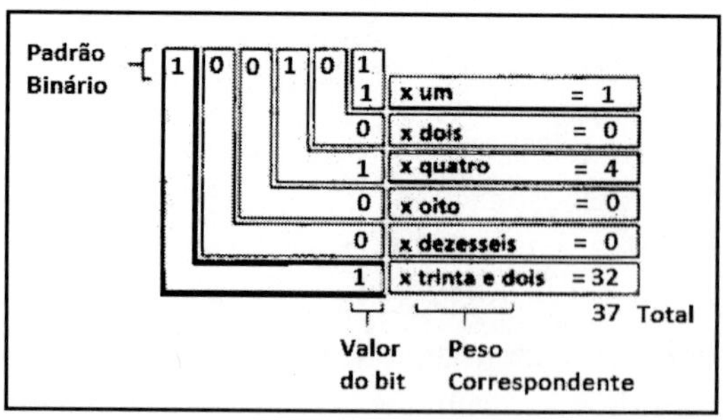

Figura: Conversão Binário-Decimal – Fonte: Brookshear(2016)

Leva-se em conta a posição do dígito que é multiplicado pela potência de dois, associada ao mesmo:

$$\mathbf{100101_2} = 1 \times 2^5 + 0 \times 2^4 + 0 \times 2^3 + 1 \times 2^2 + 0 \times 2^1 + 1 \times 2^0 =$$

$$= 1 \times 32 + 0 + 0 + 1\times4 + 0 + 1 \times 1 =$$

$$= 32 + 0 + 0 + 4 + 0 + 1 =$$

$$= \mathbf{37}$$

O processo inverso se dá pela divisão sucessiva do número decimal por 2 e a utilização de trás para frente do último quociente e de todos os demais restos da divisão para compor o número binário. Por exemplo, converter 125 decimal para binário:

Ex.: $(125)_{10} = (?)_2$

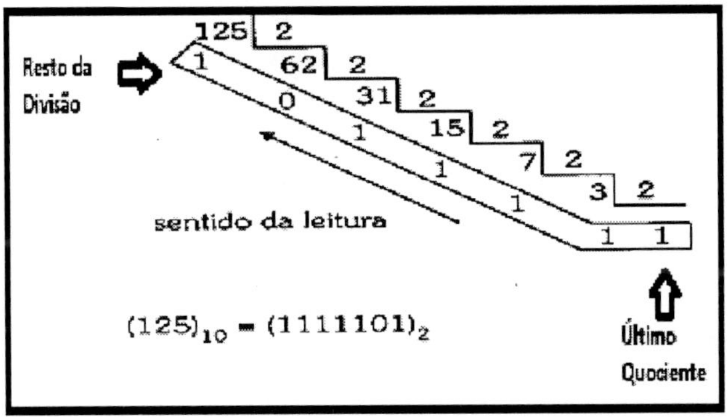

Outro exemplo seria 67 decimal:

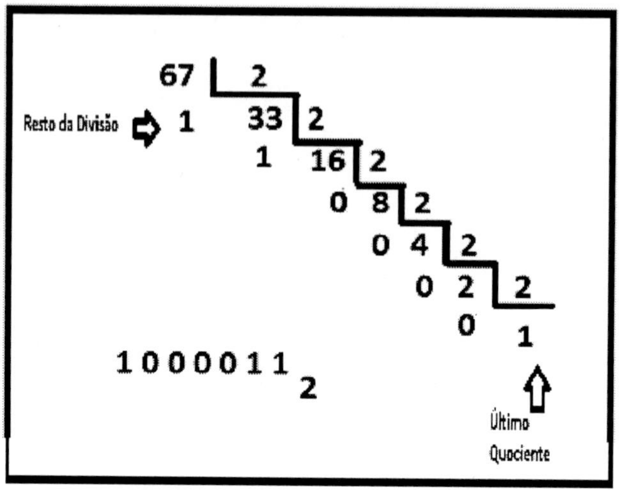

Essa correspondência entre binários e decimais levou os primeiros cientistas da Computação a inventarem uma tabela de correspondência entre binários e um conjunto de caracteres. Por isto, computadores não conhecem a letra "A", por exemplo, eles sabem o que é a sequência "1000001" em binário, que representa essa letra no código ASCII (American Standard Code for Information Interchange), que significa "Código Americano Padrão para a troca de informações".

Na enciclopédia Online Wikipedia, tem-se: "O código ASCII é um sistema de representação de letras, algarismos e sinais de pontuação e de controle, através de um sinal codificado em forma de código binário (cadeias de bits formada por vários 0 e 1), desenvolvido a partir de 1960, que representa um conjunto de 128 sinais: 95 sinais gráficos (letras do alfabeto latino, algarismos arábicos, sinais de pontuação e sinais matemáticos) e 33 sinais de controle, utilizando 7 bits para representar todos os seus símbolos".

Fonte: Wikpedia

Na tabela a seguir, temos uma relação com todos os códigos ASCII básicos:

Dec	Char	Dec	Char	Dec	Char	Dec	Char
0	NUL '\0'	32	SPACE	64	@	96	`
1	SOH	33	!	65	A	97	a
2	STX	34	"	66	B	98	b
3	ETX	35	#	67	C	99	c
4	EOT	36	$	68	D	100	d
5	ENQ	37	%	69	E	101	e
6	ACK	38	&	70	F	102	f
7	BEL '\a'	39	'	71	G	103	g
8	BS '\b'	40	(	72	H	104	h
9	HT '\t'	41	)	73	I	105	i
10	LF '\n'	42	*	74	J	106	j
11	VT '\v'	43	+	75	K	107	k
12	FF '\f'	44	,	76	L	108	l
13	CR '\r'	45	-	77	M	109	m
14	SO	46	.	78	N	110	n
15	SI	47	/	79	O	111	o
16	DLE	48	0	80	P	112	p
17	DC1	49	1	81	Q	113	q
18	DC2	50	2	82	R	114	r
19	DC3	51	3	83	S	115	s
20	DC4	52	4	84	T	116	t
21	NAK	53	5	85	U	117	u
22	SYN	54	6	86	V	118	v
23	ETB	55	7	87	W	119	w
24	CAN	56	8	88	X	120	x
25	EM	57	9	89	Y	121	y
26	SUB	58	:	90	Z	122	z
27	ESC	59	;	91	[	123	{
28	FS	60	<	92	\ '\\'	124	|
29	GS	61	=	93	]	125	}
30	RS	62	>	94	^	126	~
31	US	63	?	95	_	127	DEL

Figura: Tabela ASCII – Fonte: Wikipedia

Se você quiser escrever a palavra **Hello**, por exemplo, em ASCII, ficaria assim:

01001000	01100101	01101100	01101100	01101111
H	**e**	**l**	**l**	**o**

Figura: Hello – ASCII – Fonte: BROOKSHEAR(2016)

Uma limitação da tabela ASCII é a quantidade máxima de 128 caracteres no ASCII Padrão e de 255 caracteres no ASCII estendido, dificultando a representação de alfabetos de outros países que não os EUA. Para lidar com essa limitação, inventaram o UNICODE.

"A partir de 1991, surgiu o Unicode, que é um padrão que permite aos computadores representar e manipular, de forma consistente, texto de qualquer sistema de escrita existente no mundo, transpondo as limitações do código ASCII.

Seu sucesso em unificar conjuntos de caracteres levou a um uso amplo e predominante na internacionalização e apropriação por diversos programas de computador. O padrão Unicode foi implementado em várias tecnologias recentes, incluindo XML, Java e sistemas operacionais modernos. Os principais padrões de codificação UNICODE são o UTF-8, UTF-16 e UTF-32."

Fonte: Wikipedia

Essas várias formas de representar dados do mundo real necessitam ser guardadas para uso posterior. Cada sistema operacional tem sua forma particular de armazenar dados internamente e permitir que esses dados sejam processados, modificados e transmitidos entre pessoas e/ou empresas.

O surgimento de sistemas operacionais que poderiam executar mais de um aplicativo simultaneamente exigiu um mecanismo para garantir que os aplicativos não gravassem sobre os dados uns dos outros. O esquema de armazenamento dos dados em um sistema operacional é denominado de SISTEMA DE ARQUIVOS. Por arquivo entenda-se um conjunto de dados armazenados em um dispositivo de armazenamento.

Hoje, todos os sistemas operacionais possuem sistemas de arquivos para gravar informações em um dispositivo de armazenamento. São exemplos de sistemas de arquivos da família Windows: FAT, HPFS, NTFS, RFS. São exemplos de sistemas de arquivos da família Linux: EXT, EXT2, EXT3, EXT4 e ReiseFS.

Os sistemas de arquivos têm avançado com a evolução dos sistemas operacionais. Essas melhorias dos sistemas de arquivos podem ser observadas em termos do tamanho máximo admitido para os arquivos, quantidade de caracteres nos nomes dos arquivos, capacidade de recuperação a falhas, velocidade de acesso, facilidade de pesquisa, dentre outras características.

A figura a seguir, mostra o gerenciador de arquivos do Windows e suas facilidades:

Figura: Gerenciador de Arquivos Windows 10 – Fonte: Criação Própria

Atente para as seguintes questões:

- item [1]: os nomes de arquivos que no passado eram limitados a 8 caracteres apenas, hoje podem ter mais de 100 caracteres;
- item [2]: a ferramenta de busca permite pesquisar por vários critérios em todo o dispositivo de armazenamento (disco rígido), possibilitando a recuperação dos arquivos com facilidade;
- a interface gráfica bastante fácil de usar que substituiu as antigas interfaces baseadas em caracteres.

O Que Gravamos Em Arquivos?

Arquivos guardam coisas do mundo real, tais como: texto, número de telefone, endereço, nomes de pessoas, salário de um trabalhador, músicas que gostamos e coisas do tipo.

Observe que essas coisas que arquivamos em nossas máquinas possuem formatos diferentes. O armazenamento de um endereço é diferente de armazenar a idade de alguém!

Essas diferenças levaram à criação do conceito de tipos de dados. Um tipo de dado é um conjunto de valores e um conjunto de operações sobre esses valores (TUCKER & NOONAN, 2008).

Por exemplo, um **tipo inteiro** pode ser definido como sendo:

Dados possíveis: -32.768 a + 32.767

Operações: adição (+), subtração (-), multiplicação (*), Divisão (/), Resto da divisão (%).

Observe que o intervalo de números possíveis de serem representados em um inteiro deve-se ao fato desse tipo ser armazenado geralmente em 16 bits! Como um bit é destinado ao sinal, dos 16 bits, restam 15 Bits. O maior número positivo em 15 bits é:

$2^{15} - 1 = 32.767$

O tipo **STRING ou CADEIA DE CARACTERES** pode ser definido como sendo:

Dados possíveis: qualquer combinação de caracteres ASCII limitada ao tamanho máximo permitido. Exemplos "Amanda", "Maria", "IFPB".

Operações: Concatenação: "A" + Na" = "ANA"

Comprimento: comprimento ("Maria") = 5

Observe que cada **Tipo de Dado** é mais apropriado para representar determinados tipos de dados:

- o **tipo inteiro** (número inteiro) serve para representar: quantidades, idades, número de filhos etc.
- o **tipo STRING** (cadeia de caracteres) serve para representar: nomes, endereços, descrições de produtos etc.
- o **tipo float** (número decimal) serve para representar um salário e dados científicos, por exemplo.

Material Complementar:

Sistemas de Numeração e Representação da Informação: https://youtu.be/zL8H25JgnOg

Conversão entre Bases: https://youtu.be/fc-bEocIP6g

Atividades

1. Você já sentiu necessidade de registrar fatos sobre a sua vida em um diário?
2. Você acha que a pedra de Itaquatiara é um tipo de diário?
3. Qual o código ASCII para o seu nome em letras maiúsculas?
4. O que você entendeu como sendo um sistema de arquivos?
5. Faça uma pesquisa sobre os sistemas de arquivos da Microsoft?
6. Você saberia converter os números decimais entre 30 e 40 para binário?
7. Converta os seguintes binários para decimal:

   a) 11011 b) 1010101 c) 1111010 d) 10101

8. Pesquise e faça uma comparação entre os códigos ASCII, EBCDIC e UNICODE.

9. Pesquise e faça um relatório sobre tipos de dados na linguagem PYTHON.

10. O que é ASCII Estendido?

11. Por que surgiu o UNICODE? Qual o motivo de o UNICODE utilizar tamanhos diferentes para representar caracteres?

Palavras Cruzadas

1. Menor porção de informação representável em um sistema computacional

2. Conjunto de 8 BITS

3. Conjunto de linhas concêntricas nas quais são organizados um disco rígido

4. Unidade física de leitura e/ou gravação em uma unidade de armazenamento

5. Unidade lógica usada pelo Sistema Operacional para gerenciar dados em uma unidade de armazenamento

6. Um dos primeiros códigos de representação de caracteres que foi muito usual em computadores de grande porte

7. Tipo de dado numérico que pode representar números no intervalo de -32.768 a + 32.767

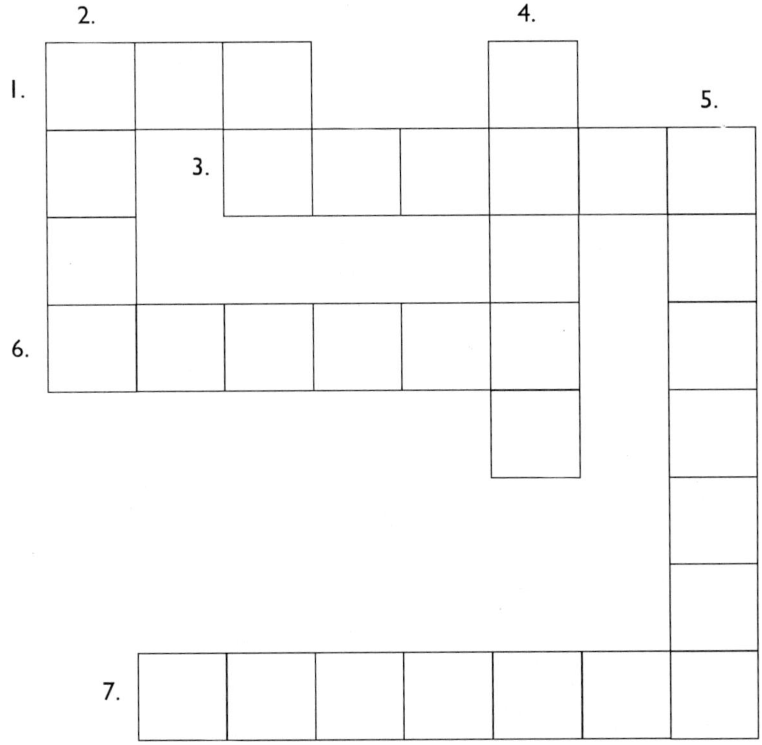

2.4 - Tecnologias Computacionais para pesquisa, acessar informações e resolver problemas (EF15C008)

HARDWARE

CELULAR, TABLET E COMPUTADOR

A Revista Nova Escola trouxe recentemente uma matéria interessante sobre as diferenças entre alguns equipamentos que estão a nossa disposição para pesquisar, estudar e trabalhar:

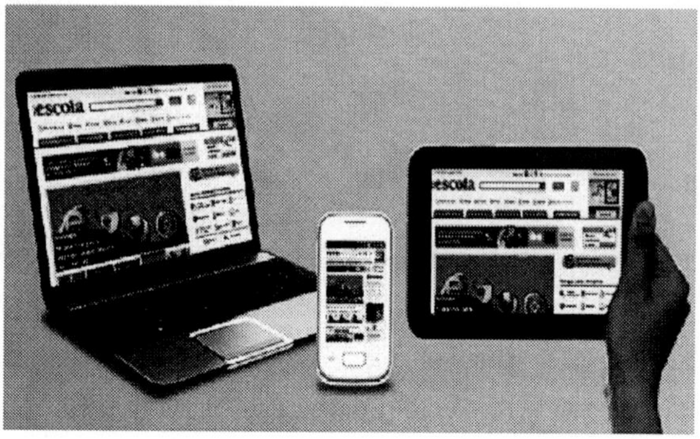

Computador

É o produto mais antigo da nossa lista, mas nem por isso tem menos recursos. Os primeiros computadores pessoais (PCs) a se popularizarem têm pouca coisa em comum com as máquinas que usamos hoje. Desktops (que ficam fixos sobre as mesas) e os notebooks (aqueles de "abrir e fechar", que podemos carregar) continuam sendo indispensáveis para quem quer estar conectado.

Como usá-lo no meu dia a dia?

Ele é o mais completo de todos os acessórios. Nele, podemos escrever textos, fazer apresentações de slides, montar planilhas, visitar sites, organizar seus arquivos e imagens — como os portfólios da turma — assistir a vídeos e ouvir músicas com mais conforto. É bem provável que você sinta mais facilidade para planejar suas aulas nele, pesquisar materiais para usar em sala de aula e organizar seus registros.

Eu preciso dele?

Provavelmente sim. Eles são a principal maneira de você ser alguém conectado. Apesar do surgimento de novos aparelhos, ainda não surgiu nenhum que conseguisse substituí-lo totalmente.

Smartphone

Com a possibilidade de acessar a internet pelo celular e a popularização de redes sociais como o Facebook, os smartphones ganharam espaço no mercado. Apesar de pequenos (as telas maiores chegam a 7 polegadas), são poderosos: neles, é possível instalar aplicativos que ajudam a desenvolver boa parte das tarefas do dia a dia.

Como usá-lo no meu dia a dia?

Fotografar, filmar e gravar em áudio as participações dos alunos são tarefas facilitadas com o smartphone, principalmente se você possui aplicativos que costume usar. Ele também é uma mão na roda para você organizar sua agenda de tarefas e compromissos.

Eu preciso dele?

Se você quiser um auxílio tecnológico para dar um toque multimídia ao portfólio dos seus alunos, ele é a ferramenta certa. Também é uma mão na roda na organização do dia a dia, como na montagem da sua agenda, checagem de e-mails, etc. Se nenhuma dessas funções fizer falta a você, você pode esperar mais um pouco para comprar o seu.

Tablet

O mais novo e venerado dos produtos dessa lista, é um intermediário entre os dois anteriores. A tela maior do que a do smartphone permite que você faça tarefas mais complexas com ele. A mobilidade maior do que a do computador permite que você o leve a mais lugares. Apesar disso, não substitui completamente nenhum dos dois anteriores.

Como usá-lo no meu dia a dia?

O maior apelo dos tablets é a possibilidade de utilizá-lo como instrumento de estudo. Muito conteúdo tem sido produzido especificamente para essa plataforma, como as revistas digitais de NOVA ESCOLA e vários livros. Há quem se aventure a escrever textos e relatórios nessa plataforma, mas pode ser difícil para quem está acostumado a usar computadores.

Eu preciso dele?

Talvez. Ele pode ser uma mão na roda para quem não tem tanto tempo para ficar em frente ao computador (já que é possível resolver boa parte de suas tarefas nele) ou tem dificuldades para comprar e guardar livros e revistas. Mas não basta possuir o aparelho, é preciso garantir que ele tenha acesso à internet para baixar ou comprar aplicativos e publicações.

Fonte: https://novaescola.org.br/conteudo/4570/qual-a-diferenca-entre-um-computador-um--smartphone-e-um-tablet

Acesse a matéria apontando a câmera do seu celular para o QR Code abaixo:

Software

Graças à Internet, nos últimos anos, vários aplicativos tornaram-se muito presentes nas vidas de todos nós.

São exemplos desses onipresentes em nossas vidas: a Wikipedia, o Youtube, o TikTok, o Google, dentre outros.

WIKIPEDIA - a maior enciclopédia online do mundo suplantou as suas concorrentes analógicas, como a Enciclopédia Britânica e a Barsa, tornando-se uma das mais importantes ferramentas de pesquisa para toda a comunidade da Internet.

São milhões de artigos digitais e mais de 8 mil editores ativos em língua portuguesa:

Para pesquisar sobre um tema, basta digitar as palavras-chaves na caixa de pesquisa para termos acesso a vários artigos sobre o tema desejado. Para o termo "Brasil", teríamos:

Digitando o termo «informática», por exemplo, teríamos:

Google

Outra ferramenta de buscas muito útil é o buscador do Google:

"Vai no Google aí!" tornou-se uma expressão muito comum em nossos dias!

Pode-se dizer que praticamente todos que têm acesso à Internet, fazem uso dessa fantástica ferramenta de busca!

E você? Já usou o Google?

Se pesquisarmos na Wikipedia, teremos:

Google é uma empresa multinacional de serviços online e software dos Estados Unidos. O Google hospeda e desenvolve uma série de serviços e produtos baseados na internet e gera lucro principalmente através da publicidade pelo AdWords. A Google é a principal subsidiária da Alphabet Inc.

A empresa foi fundada por Larry Page e Sergey Brin, muitas vezes apelidados de «Google Guys", enquanto os dois estavam frequentando a Universidade Stanford como estudantes de doutoramento. Foi fundada como uma empresa privada em 4 de setembro de 1998 e sua oferta pública inicial foi realizada em 19 de agosto de 2004. A missão declarada da empresa desde o início foi «organizar a informação mundial e torná-la universalmente acessível e útil» e seu slogan oficial era «Não seja mal». Em outubro de 2015, o lema foi substituído no código de conduta corporativo da Alphabet pela frase «Faça a coisa certa». Em 2006, a empresa mudou-se para sua atual sede, em Mountain View, Condado de Santa Clara no estado da Califórnia. O Google é executado através de mais de um milhão de servidores em data centers ao redor do mundo e processa mais de cinco bilhões de solicitações de pesquisa e vinte petabytes de dados gerados por usuários todos os dias.

O rápido crescimento do Google desde sua incorporação culminou em uma cadeia de outros produtos, aquisições e parcerias que vão além do núcleo inicial como motor de buscas. A empresa oferece softwares de produtividade online, como o software de e-mail Gmail, e ferramentas de redes sociais, incluindo o fracassado Google+ e os descontinuados Google Buzz e Orkut. Os produtos do Google se estendem à área de trabalho, com aplicativos como o navegador Google Chrome, o programa de organização de edição de fotografias Picasa e o aplicativo de mensagens instantâneas Google Talk. Notavelmente, o Google também lidera o desenvolvimento do Sistema Operacional móvel para smartphones Android, usado em celulares de marcas como Samsung, Motorola, LG, HTC, Huawei e Xiaomi.

Várias avaliações independentes, inclusive a empresa ALEXA, especializada em tráfego na Internet, citam o Google como o website mais visitado do mundo. A Google é classificada pela revista Fortune como o melhor lugar do mundo para se trabalhar. Aparece na posição pelo sexto ano consecutivo e é a marca mais valiosa do mundo de acordo com o ranking BrandZ de 2017, avaliada em 245 bilhões de dólares. Em outro ranking de avaliação de marcas, ultrapassou em 2014 a Apple, que liderava por três anos consecutivos, com um valor estimado de US$ 159 bilhões. A posição dominante no mercado dos serviços do Google levou a críticas da sociedade sobre assuntos como privacidade, direitos autorais e censura. Tão forte é esta empresa que, em anos recentes, o Google apareceu várias vezes no topo das listas de empresas mais fortes da atualidade como o maior conglomerado de mídia do mundo.

Fonte: https://pt.wikipedia.org/wiki/Google

Bing – Microsoft

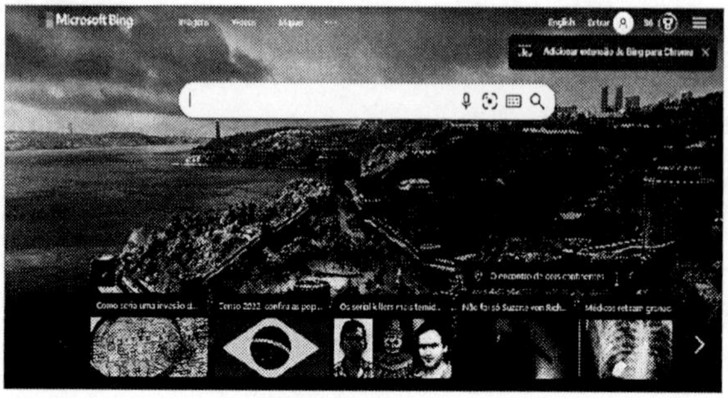

Fonte: bing.com

Microsoft Bing é o motor de pesquisa da Microsoft, designado para competir com os líderes das indústrias Google e Yahoo!. Revelado pelo CEO da Microsoft, Steve Ballmer, em 28 de maio de 2009, na conferência «All Things D», em San Diego, Bing é um substituto do Live Search, e disponibilizado totalmente em 1 de junho de 2009.

Em 4 de junho de 2009, com apenas três dias em atividade, o Bing alcançou o segundo lugar na área de pesquisas online, superando o Yahoo! Busca, e ficando atrás apenas do Google Search. No dia, o motor de pesquisa representou 16,2% das buscas nos Estados Unidos, enquanto o Yahoo! representou 10,2%. Globalmente, o Bing representa 5,6% contra 5,1% do Yahoo!.

Os aperfeiçoamentos incluem adição de pesquisas relacionadas (chamado "Explorer panel», no lado esquerdo dos resultados da pesquisa, baseado na tecnologia semântica de PowerSet, empresa de busca da Microsoft comprada em 2008), e busca de sugestões ao digitar (aumenta o histórico de pesquisas).

Dados do início de 2016 mostram o Bing como responsável por fazer 21,4% das buscas online realizadas em desktops. O Google, em primeiro, com 64% do mercado. O Yahoo, que usa tecnologia do Bing em seu buscador, ficou em terceiro lugar com 12,2% das buscas.

Fonte: https://pt.wikipedia.org/wiki/Microsoft_Bing

Linguagem Python

Uma linguagem de programação é uma ferramenta para programar computadores utilizando uma linguagem mais próxima do ser humano ou linguagem de alto nível ao invés de usarmos códigos binários incompreensíveis.

Existem centenas de linguagens de programação disponíveis no mundo da computação. O site https://www.tiobe.com/tiobe-index/ faz uma lista com o ranking das linguagens mais usadas todos os anos:

Jan 2023	Jan 2022	Change	Programming Language	Ratings	Change
1	1		Python	16.36%	+2.78%
2	2		C	16.26%	+3.82%
3	4	^	C++	12.91%	+4.62%
4	3	v	Java	12.21%	+1.55%
5	5		C#	5.73%	+0.05%
6	6		Visual Basic	4.64%	-0.10%
7	7		JavaScript	2.87%	+0.78%

Fonte: Tiobe.org

A lista TIOBE nos últimos anos é liderada pela linguagem Python. De acordo com o site Python Brasil, a linguagem Python é uma das linguagens mais usadas atualmente no mundo todo. Python é uma linguagem de programação de alto nível, interpretada, trabalhando nos paradigmas imperativo, orientado a objetos e funcional. Foi desenvolvida por Guido van Rossum em 1991.

A linguagem Python pode ser obtida por download através do site www.python.org, que reproduzimos abaixo:

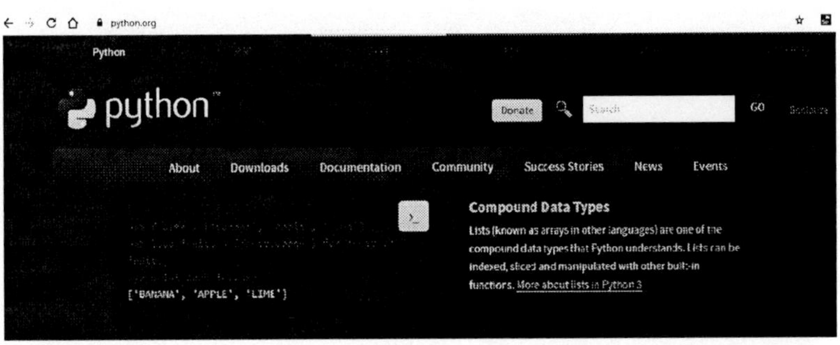

Fonte: python.org

A versão mais fácil de usar é o Python for Windows:

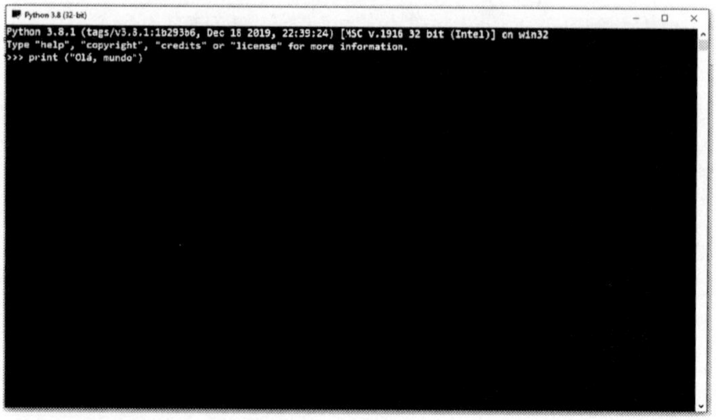

O uso de uma linguagem de programação permite escrever soluções para os problemas mais difíceis e complexos.

Para maiores informações sobre programação e a linguagem Python, consulte os seguintes livros-textos neste QR CODE:

Se você deseja aprender a programar em Python, acesse a nossa playlist no Youtube sobre Programação:

Outro programa de grande sucesso na atualidade é o ChatGPT, que é um aplicativo de Inteligência Artificial que interage com humanos de forma conversacional e responde a questionamentos do seu usuário:

Observe a figura a seguir que registra uma interação entre um usuário e o ChatGPT:

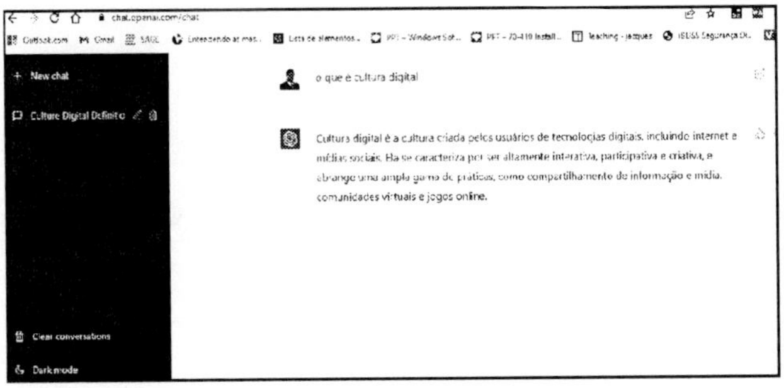

Fonte: Criação Própria

Observe o que foi perguntado o que é **Cultura Digital** e o ChatGPT respondeu adequadamente.

Acesse o site do ChatGPT atrvés do QR CODE a seguir:

Veja a reportagem do site **Olhar Digital** com mais dicas sobre o **ChatGPT:**

Veja, no **QR CODE** a seguir, uma reportagem do site G1, como usar o ChatGPT para tarefas escolares sem recorrer a trapaças:

Atividades

1. Faça uma tabela comparativa, apontando vantagens e desvantagens entre os principais equipamentos para pesquisar e estudar:

Equipamento	Vantagens	Desvantagens
Computador		
Smartphone		
Tablet		

2. De acordo com a sua tabela, quem venceu?

3. Pesquise os preços de 3 modelos de cada equipamento em cada categoria.

4. Quais desses equipamentos são mais usados para fazer seus trabalhos de pesquisas escolares?

5. Entre os softwares apresentados, quais você usa normalmente?

6. Quando você está pesquisando algum tema para fazer um trabalho quais são os critérios que você usa para escolher os links que você vai usar?

7. Discuta com a sua turma critérios de escolha de itens a usar após uma pesquisa.

8. Você sabe usar recursos avançados de pesquisa?

9. Da próxima vez que for usar um equipamento e software, tente usar ferramentas diferentes das que você normalmente usa. Experimentar é a forma mais rápida de aprender.

10. Você saberia fazer um programa em Python para adicionar dois números inteiros lidos pelo teclado?

11. 11. Use o ChatGPT para fazer perguntas sobre os temas estudados neste livro. Monte um Glossário a partir das respostas obtidas.

Palavras Cruzadas

1. Computador portátil de fácil manuseio e transporte

2. Dispositivo portátil maior que um celular e menor que um notebook

3. Computador de mesa

4. O mesmo que smartphone

5. Computador portátil projetado para usar em conjunto com a Internet e gerenciado pelo sistema ChromeOS

6. Buscador do Microsoft Windows

7. Uma das empresas gigantes da área de informática e proprietária do buscador mais usado na atualidade

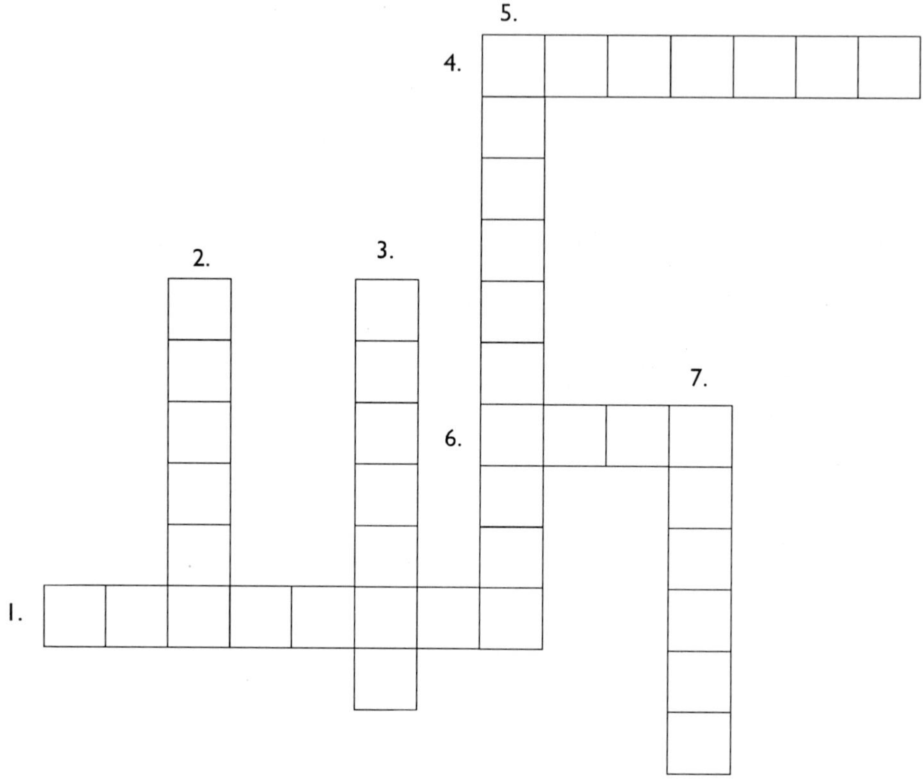

2.5 - Legislação, ética e direitos autorais e de imagem (EF15C009)

Apesar de muitos afirmarem que a Internet é um território sem lei, nos últimos anos foram implantadas no Brasil várias regulamentações que visam proibir os abusos e excessos nos ambientes virtuais.

As leis a seguir são exemplos dessa busca pela regulamentação dos ambientes e relações virtuais:

Lei Carolina Dieckmann:

A Lei Carolina Dieckmann é como ficou conhecida a Lei Brasileira 12.737/2012, sancionada em 30 de novembro de 2012 pela então presidente Dilma Rousseff, que promoveu alterações no Código Penal Brasileiro (Decreto-Lei 2.848

de 7 de dezembro de 1940), tipificando os chamados delitos ou crimes informáticos. A legislação é oriunda do Projeto de Lei 2793/2011, apresentado em 29 de novembro de 2011, pelo Deputado Paulo Teixeira (PT-SP), que tramitou em regime de urgência e em tempo recorde no Congresso Nacional, em comparação com outros projetos sobre delitos informáticos que as casas de leis apreciavam (como, por exemplo, o PL 84/1999, a "Lei Azeredo", também transformado em lei ordinária 12.735/2012 em 3 de dezembro de 2012).

O Projeto de Lei que resultou na "Lei Carolina Dieckmann" foi proposto em referência e diante de situação específica experimentada pela atriz, em maio de 2012, que teve arquivos copiados de seu computador pessoal, 36 (trinta e seis) fotos em situação íntima e conversas, que acabaram divulgadas na Internet sem autorização.

Crimes

Os delitos previstos na Lei Carolina Dieckmann são:

- 1) Art. 154-A - Invasão de dispositivo informático alheio, conectado ou não à rede de computadores, mediante violação indevida de mecanismo de segurança e com o fim de obter, adulterar ou destruir dados ou informações sem autorização expressa ou tácita do titular do dispositivo ou instalar vulnerabilidades para obter vantagem ilícita. Pena - detenção, de 3 (três) meses a 1 (um) ano, e multa.
- 2) Art. 266 - Interrupção ou perturbação de serviço telegráfico, telefônico, informático, telemático ou de informação de utilidade pública - Pena - detenção, de um a três anos, e multa.
- 3) Art. 298 - Falsificação de documento particular/cartão - Pena - reclusão, de um a cinco anos e multa.

A "Lei Carolina Dieckmann" entrou em vigor no dia 02 de abril de 2013.

Fonte: https://pt.wikipedia.org/wiki/Lei_Carolina_Dieckmann

Marco Civil da Internet

O Marco Civil da Internet, oficialmente Lei nº 12.965, de 23 de abril 2014, é a norma legal que disciplina o uso da Internet no Brasil por meio da previsão de princípios, garantias, direitos e deveres para quem faz uso da rede, bem como da determinação de diretrizes para a atuação do Estado.

O Marco Civil surgiu em 2009 no Poder Executivo foi aprovado na Câmara dos Deputados em 25 de março de 2014, no Senado Federal em 22 de abril de 2014, e sancionado no dia seguinte pela então presidente Dilma Rousseff.

Fonte: https://pt.wikipedia.org/wiki/Marco_Civil_da_Internet

Lei Geral de Proteção de Dados

A **Lei Geral de Proteção de Dados Pessoais (LGPD ou LGPDP)**, Lei nº 13.709/2018, é a legislação brasileira que regula as atividades de tratamento de dados pessoais e que também altera os artigos 7º e 16 do Marco Civil da Internet.

O Brasil passou a fazer parte dos países que contam com uma legislação específica para proteção de dados e da privacidade dos seus cidadãos. Outros regulamentos similares à LGPD no Brasil são o ***Regulamento Geral sobre a Proteção de Dados*** (GDPR) na União Europeia, que passou a ser obrigatório em 25 de maio de 2018 e aplicável a todos os países da União Europeia (UE), e o ***California Consumer Privacy Act of 2018*** (CCPA), nos Estados Unidos da América, implementado através de uma iniciativa em âmbito estadual, na Califórnia, onde foi aprovado no dia 28 de junho de 2018 (AB 375).

A legislação se fundamenta em diversos valores, como o respeito à privacidade; à autodeterminação informativa; à liberdade de expressão, de informação, comunicação e de opinião; à inviolabilidade da intimidade, da honra e da imagem; ao desenvolvimento econômico e tecnológico e a inovação; à livre iniciativa, livre concorrência e defesa do consumidor e aos direitos humanos de liberdade e dignidade das pessoas.

A LGPD cria um conjunto de novos conceitos jurídicos (e.g. "dados pessoais", "dados pessoais sensíveis"), estabelece as condições nas quais os dados pessoais podem ser tratados, define um conjunto de direitos para os titulares dos dados, gera obrigações específicas para os controladores dos dados e cria uma série de procedimentos e normas para que haja maior cuidado com o tratamento de dados pessoais e compartilhamento com terceiros. A lei se aplica a toda informação relacionada a pessoa natural identificada ou que possa ser identificável e aos dados que tratem de origem racial ou étnica, convicção religiosa, opinião política, filiação a sindicato ou a organização de caráter religioso, filosófico ou político, dado referente à saúde ou à vida sexual, dado genético ou biométrico, sempre que os mesmos estiverem vinculados a uma pessoa natural.

Fonte: https://pt.wikipedia.org/wiki/Lei_Geral_de_Prote%C3%A7%C3%A3o_de_Dados_Pessoais

Direito Autoral

Direito autoral ou **direito de autor** é um conjunto de prerrogativas conferidas por lei à pessoa física ou jurídica criadora da obra intelectual, para que ela possa usufruir de quaisquer benefícios morais e patrimoniais resultantes da exploração de suas criações.

Para efeitos legais, divide-se em direitos morais e patrimoniais: os direitos morais asseguram a autoria e integridade da criação ao autor da obra intelectual e são, em geral, intransferíveis e irrenunciáveis na maioria dos países, incluindo o Brasil. Já os direitos patrimoniais se referem principalmente à utilização econômica da obra intelectual, podendo ser transferidos e/ou cedidos a outras pessoas. A transferência dos direitos patrimoniais se dá por meio de licenciamento e/ou cessão.

Direito autoral não se confunde com o direito editorial. O direito editorial é o conjunto de prerrogativas, direitos e obrigações que um editor detém ao publicar uma obra.

Uma obra entra em domínio público quando os direitos patrimoniais expiram. Isso geralmente é um período decorrido após a morte do autor (*post mortem auctoris*). O prazo mínimo, a nível mundial, é de 50 anos e está previsto pela Convenção de Berna. Muitos países têm estendido o termo amplamente. Por exemplo, nas legislações brasileira e europeia, é de 70 anos. Uma vez passado esse tempo, este trabalho pode então ser utilizado livremente, com muitas legislações mantendo a obrigatoriedade de determinados direitos morais mesmo após esse período.

O direito de autor é compreendido como uma modalidade da propriedade intelectual e um dos direitos humanos fundamentais na Declaração Universal dos Direitos Humanos. No direito anglo-saxão se utiliza a noção de copyright (traduzido literalmente como 'direito de cópia') que é focado na parte patrimonial dos direitos de autor e tem uma perspectiva mais objetiva.

Fonte: Wikipedia

Direito de Imagem

O **direito de imagem** é um dos direitos da personalidade dos quais todos os seres humanos gozam, facultando-lhes o controle do uso de sua imagem, seja a representação fiel de seus aspectos físicos (fotografia, retratos, pinturas, gravuras etc.), como o usufruto representação de sua aparência individual e distinguível, concreta ou abstrata.[1]

Quando se trata de um famoso, político ou pessoa notória a imagem pode ser usada de modo que não ofenda e não use de modo errado (zoação, em site de prostituição etc.). Já quando se trata da imagem de uma pessoa comum direito à imagem, como atributo irrenunciável da personalidade, não se confunde com o do direito autoral do fotógrafo ou do criador intelectual da representação da imagem (concreta ou abstrata) de um indivíduo. Portanto, o direito do criador da imagem diz respeito à autoria, já o direito do retratado encontra-se no uso de sua imagem, sendo dois direitos distintos, exercidos por pessoas distintas e com existência jurídica distinta.

O uso da imagem de um indivíduo ocorre, basicamente, de uma maneira, sendo ela autorizada, em hipótese nenhuma sem autorização. O uso consentido pode se dar em três modalidades:

1. mediante pagamento e com consentimento tácito, sendo permitida a gratuidade com consentimento tácito;

2. mediante pagamento e com consentimento expresso, sendo permitida a gratuidade com consentimento expresso;

3. paga mediante consentimento condicionado à gratificação financeira.

A primeira modalidade de uso (paga ou gratuita com consentimento tácito) ocorre quando a imagem é utilizada por veículos de informação (periódicos, emissoras de televisão, livros) e representa personalidades públicas ou notórias (e pessoas que estejam por sua livre vontade próxima a elas, quando o consentimento é presumido).

Sendo assim, o uso da imagem, mesmo quando se trata de personagem notória, para fins publicitários (com finalidade eminentemente econômica) não pode gozar da exceção ao exercício do direito de imagem, diferentemente do uso meramente informativo.

A segunda e a terceira modalidades dão-se mediante autorização pessoal do retratado, a única característica que as diferencia é a troca financeira.

O uso não autorizado configura-se basicamente em duas modalidades: o uso contra a vontade do retratado e o uso contra a vontade para motivo torpe. Ambas as modalidades sofrem sanções penais, sendo a segunda naturalmente mais grave que a primeira.

Fonte: Wikipedia

Material Complementar:

Legislação Associada à Segurança da Informação: https://youtu.be/bJXYrlBFL8k

Atividades

1. Fazer postagens indevidas nas redes sociais é legal?

2. Em que casos se aplicam a lei Carolina Dieckmann?

3. O que é o Marco Civil da Internet?

4. O que é a LGPD?

5. No caso de vazamento de dados de um cliente de uma empresa qual a legislação que se aplica? Quais podem ser as punições para a empresa?

6. O que pode acontecer com alguém que copia trechos de documentos da Internet e publica como sendo seus?

7. Você já ouviu falar em direito autoral?

8. O que pode acontecer se um colega postar fotos íntimas de outro(a) colega nas redes sociais? Qual a legislação que se aplica neste caso?

9. Uma pessoa que usa fotos de outros em uma publicidade sem a autorização das pessoas que estão na foto pode sofrer alguma punição?

10. O que pode acontecer com quem usa partes do trabalho de alguém sem dar o devido crédito? Como se chama esse delito?

Palavras Cruzadas

1. Nome do direito que protege a figura de uma pessoa do uso não autorizado.

2. Sigla da lei que obriga empresas a protegerem os dados dos seus clientes

3. Sobrenome de uma atriz famosa que batizou uma lei contra o uso indevido de um dispositivo de terceiros e acesso não autorizado a informações contidas nesses dispositivos.

4. Primeira lei no Brasil a tentar regulamentar direitos e deveres na Internet: ______ Civil da Internet

5. Nome do direito que garante os direitos do autor de uma obra

6. Notícia sabidamente falsa que é publicada nas redes sociais: _ _ _ _ NEWS

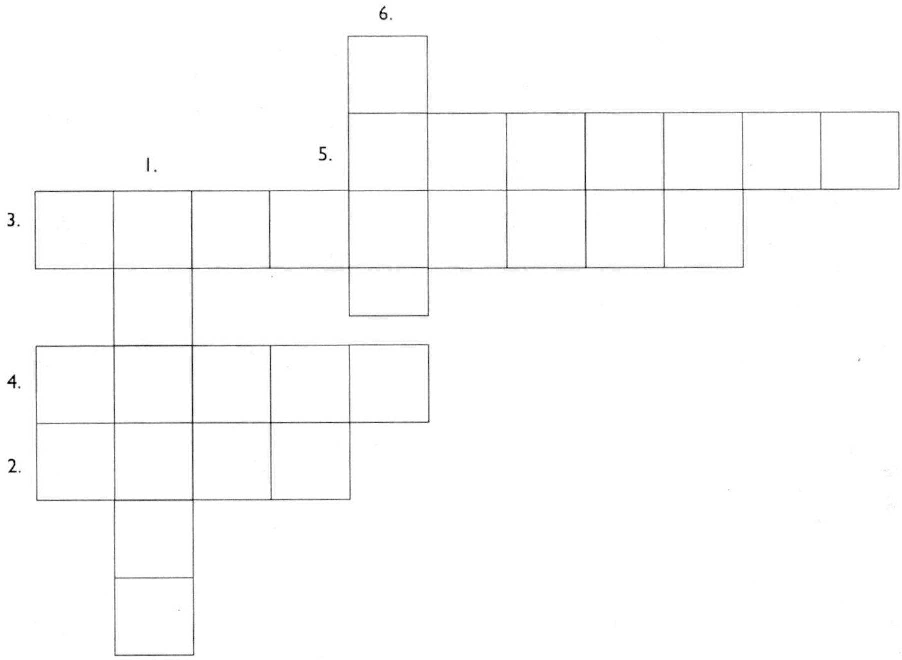

Parte III

Fundamental II - Turmas 6° ao 9° Anos

Competências/Habilidades A Serem Trabalhadas

1. Entender como é a estrutura e funcionamento da internet. (EF69CO10)
2. Entender o processo de transmissão de dados, como a informação é quebrada em pedaços, transmitida em pacotes através de múltiplos equipamentos, e reconstruída no destino. (EF69CO07)
3. Compreender e utilizar diferentes formas de armazenar, manipular, compactar e recuperar arquivos, documentos e metadados. (EF69CO08)
4. Compreender os conceitos de paralelismo, concorrência e armazenamento/ processamento distribuídos. (EF69CO09)
5. Apresentar conduta e linguagem apropriadas ao se comunicar em ambiente digital, considerando a ética e o respeito. (EF69CO11)
6. Analisar o consumo de tecnologia na sociedade, compreendendo criticamente o caminho da produção dos recursos bem como aspectos ligados à obsolescência e a sustentabilidade. (EF69CO12)

3.1 - (EF69CO10) Entender como é a estrutura e funcionamento da internet.

3.2 - Entender o processo de transmissão de dados, como a informação é quebrada em pedaços, transmitida em pacotes através de múltiplos equipamentos, e reconstruída no destino. (EF69CO07)

Para entender o que é a Internet, você precisa entender o conceito de rede de computadores.

Uma rede de computadores, segundo Tanenbaum (2021), é um conjunto de computadores conectados que trocam mensagens e cooperam entre si.

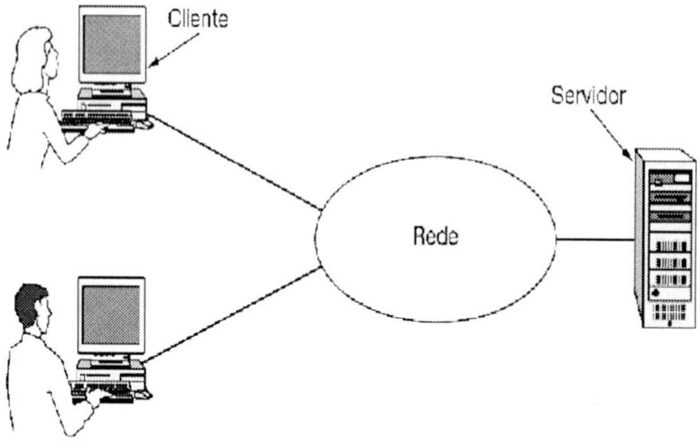

Imagem: Redes de Computadores - Fonte: Tanenbaum (2021)

Uma rede pode ser classificada, de acordo com a sua abrangência, basicamente como:

- **LAN** – Local Area Network – Rede Local – Funciona no âmbito de uma empresa;
- **MAN** – Metropolitan Area Network – Rede Metropolitana – Funciona em uma cidade;
- **WAN** – Wide Area Network – Rede de Longa Distância – Funciona em um país ou no mundo;

Na definição de rede, vimos que temos que ter ao menos dois computadores interligados, onde esse arranjo é dito ser uma conexão ponto a ponto, que seria a configuração mais simples de uma rede.

Redes de duas máquinas são muito improváveis, as redes no mundo real possuem muitas estações e são classificadas em função da forma como as máquinas na rede estão interligadas fisicamente:

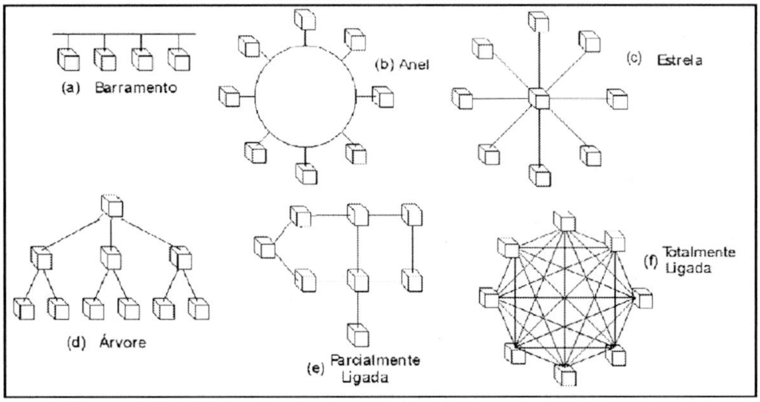

Figura: Topologias de Redes – Fonte: Criação Própria

Observe que em cada uma das topologias da figura acima você tem características que são determinantes para o funcionamento e o custo de implantar e gerenciar a rede:

a. **Barramento** - Topologia mais simples e uma das primeiras, tendo como ponto falho o fato de que uma ruptura no barramento, faz com que a rede fique fora de operação;

b. **Anel** – Topologia na qual as informações andam de uma estação para outra no formato circular, utilizando uma ficha que dá direito de transmitir pelo meio físico, evitando conflitos desse tipo, sendo vulnerável a falhas das estações individuais das estações;

c. **Estrela** – Topologia que conta com um nó central ao qual todas as estações estão conectadas. Esse elemento central pode ser um switch ou um Hub, por exemplo. A falha do elemento central inviabiliza a rede;

d. Árvore – topologia na qual temos uma hierarquia entre os nós da rede, sendo vulnerável se um nó pai ficar indisponível;

e. **Parcialmente Ligada** – topologia na qual se busca caminhos alternativos para manter a conexão entre os nós;

f. **Totalmente Ligada** – topologia ideal porque tem caminhos entre todos os nós, mas esbarra no seu custo elevado.

Esses computadores ou nós ou estações em uma rede possuem basicamente dois papéis que são o papel de cliente e o papel de servidor. Um cliente solicita e consome serviços de um servidor.

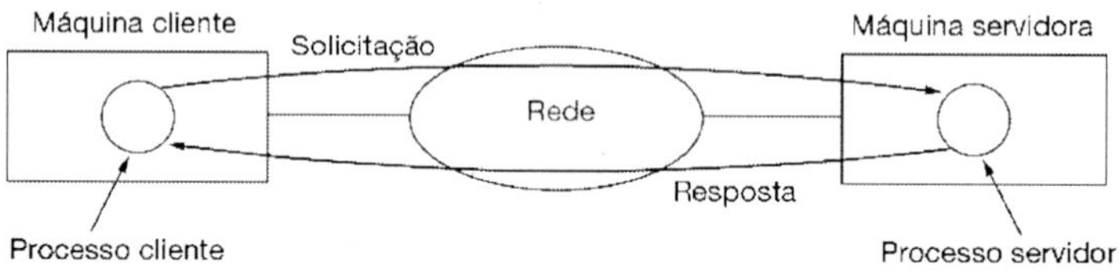

Figura: Relação Cliente e Servidor - Fonte: Tanenbaum (2021)

Cada solicitação feita por um cliente é atendida por uma máquina servidora.

A Internet nada mais é que um conjunto de redes que utiliza vários meios físicos alternativos de comunicação, tais como fios de cobre, cabos de fibra ótica ou o ar, constituindo-se na maior rede mundial de computadores disponível na atualidade.

Ressalte-se que a da Internet surgiu de um projeto militar norte-americano denominado de ARPANET, que tinha como objetivo interligar instalações militares que pudessem resistir a eventuais ataques inimigos durante a chamada guerra fria, nos anos 1960.

A Internet pode ser entendida pela visualização da Figura a seguir adaptada de Cisco Systems (1999):

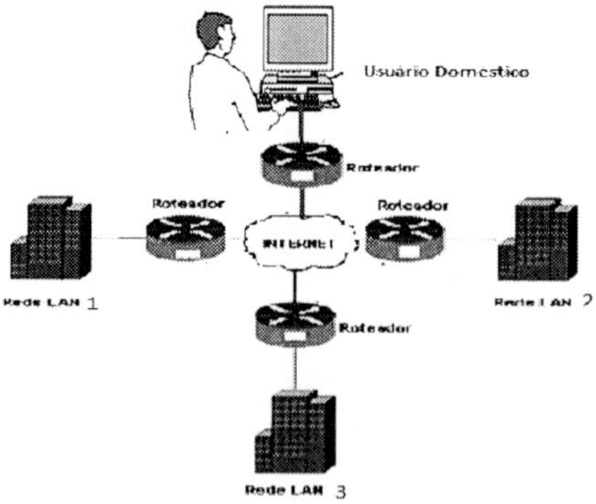

Figura: Internet – Adaptada de Cisco Systems (1999)

Essa comunicação entre essas máquinas que compõem a Internet é regida por alguns princípios gerais que determinam o bom funcionamento dessa interação.

Toda transmissão precisa de um emissor, uma mensagem, um meio de comunicação, regras de comunicação (protocolo) e um receptor. Esquematicamente, teríamos:

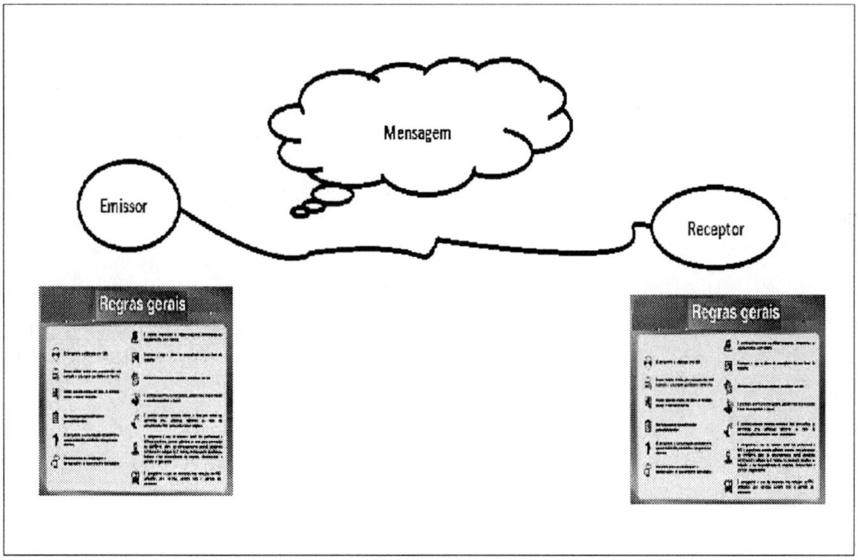

Imagem: Troca de Mensagens - Fonte: criação própria

A mensagem é enviada pelo **emissor**, trafega pelo **meio de comunicação**, respeitando **regras comuns** aos dois lados do processo de comunicação, devendo ser recebida pelo **receptor**.

O conjunto de regras comuns respeitadas pelos dois lados que se comunicam recebem o nome de **protocolo de comunicação**.

O protocolo de rede mais usado atualmente é o protocolo da Internet, o TCP/IP, que na verdade é um conjunto de protocolos, que são conhecidos como pilha de protocolos TCP/IP, que pode ser vista na figura abaixo:

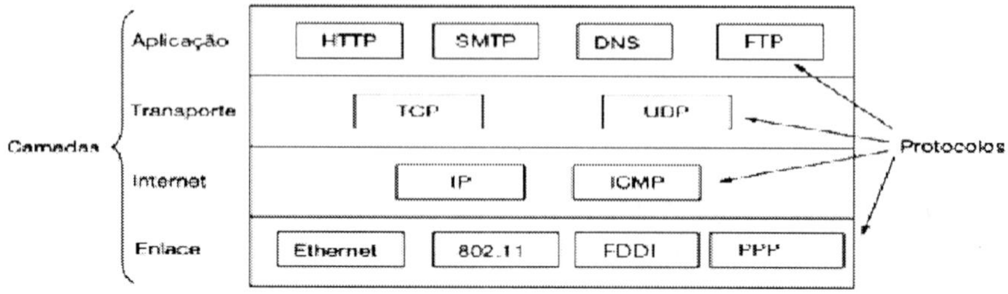

Figura: Pilha de Protocolos TCP/IP – Fonte: adaptada de Tanenbaum (2021)

Conforme pode ser visto na figura, essa pilha é organizada em camadas que possuem funções bem específicas, onde cada camada é formada por um conjunto de protocolos que cumprem papéis bem definidos.

Na **CAMADA DE APLICAÇÃO**, temos os protocolos que resolvem necessidades e questões específicas do usuário, como por exemplo, acessar dados em outro computador, enviar e-mail, transferir arquivos entre computadores, acessar um endereço na internet (URL - Uniform Resource Locator, que significa "Localizador Uniforme de Recursos"):

HTTP – Hypertext Transfer Protocol (Protocolo de Transferência de Hipertexto) – Protocolo usado para transferência de dados entre computadores;

SMTP – Sample Mail Transfer Protocol (Protocolo de Transferência de E-mail Simples) – Protocolo para envio de e-mails;

DNS – Domain Name System (Sistema de Nome de Domínios) – Protocolo que mapeia uma URL, por exemplo, www.ifpb.edu.br em um endereço na Internet (IP) - 200.129.77.237, que é a única forma de acessar um computador na rede, facilitando a vida dos usuários que não precisam decorar os endereços IPs;

FTP – File Transfer Protocol (Protocolo de Transferência de Arquivos) – Protocolo de transferência de arquivos;

Na **CAMADA DE TRANSPORTE**, temos os protocolos responsáveis pela transmissão efetiva dos dados de uma mensagem. A unidade padrão usada na camada de Transporte é o PACOTE.

Ao receber os dados, a camada de transporte faz uma subdivisão em pedaços menores, os pacotes, de tal forma que esses dados possam ser tratados até pelos equipamentos mais simples pelo caminho. Esse pacote tem uma área de cabeçalho com informações básicas para poder direcioná-lo corretamente, como por exemplo, porta de origem, porta de destino, número de sequência do pacote etc.

TCP - Transmission Control Protocol (Protocolo de controle de transmissão) – O TCP é, na opinião da maioria dos especialistas, o mais complexo protocolo da pilha TCP/IP.

Este protocolo possui como exigência obrigatória o estabelecimento de uma conexão entre os dois pontos da comunicação, permitindo a verificação e a correção de erros na transmissão.

Ao receber um pacote, o TCP envia uma mensagem de confirmação à máquina transmissora, chamada acknowledge (ACK). Se por acaso o transmissor não receber esta confirmação, ele retransmitirá o pacote e perderá mais tempo com a transferência dos dados.

O TCP também se ocupa de organizar os pacotes na entrega, garantindo que os mesmos sejam entregues na ordem em que foram enviados, configurando-o como um protocolo perfeito para a transferência de informações diversas como imagens estáticas, dados e páginas da web.

Uma visão geral de um pacote TCP tem a seguinte configuração:

Cabeçalho TCP	Área de Dados do pacote TCP

Figura: Pacote TCP – Fonte: Torres (2016

Uma visão mais detalhada sobre um pacote, vai mostrar alguns dos seus campos, que chegam a ser mais de 10 e estão organizados da seguinte forma:

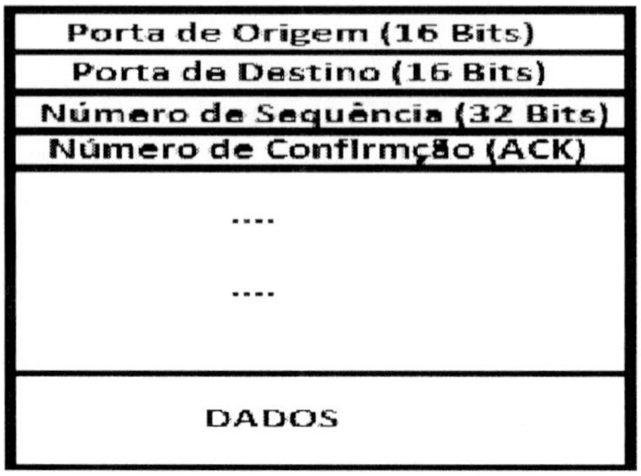

Figura: Pacote TCP Detalhado – Fonte: Torres (2016)

UDP - User Datagram Protocol (Protocolo de Datagrama do Usuário) - é um protocolo simples da camada de transporte que se ocupa de enviar dados a um destino sem a preocupação com a garantia de entrega confiável. É mais rápido que o TCP, mas é menos confiável. Muito usado para transferência de arquivos de áudio e vídeo.

O protocolo UDP organiza os dados em uma unidade chamada DATAGRAMA, que possui a seguinte estrutura geral:

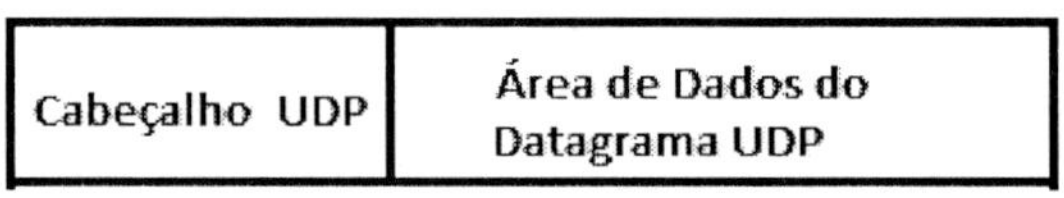

Figura: Datagrama UDP – Fonte: Torres (2016

O formato completo de um datagrama pode ser visto na figura a seguir:

Figura: Datagrama UDP Detalhado – Fonte: Torres (2016)

CAMADA DE REDE OU INTERNET – A camada de rede é responsável pelo encaminhamento dos dados através da interligação de redes, endereçamento de pacotes de dados, e conversão de endereços lógicos (IP) em endereços físicos.

Um endereço físico ou MAC (Media Access Control) **é o identificador único que é definido por um fabricante a uma peça do hardware da rede** (placa de rede), que representa unicamente um dispositivo em particular nesta rede.

A camada de Rede usa como sua unidade padrão os DATAGRAMAS.

Nesta camada trabalham os roteadores que são os equipamentos responsáveis pelo processo de encaminhamento de pacotes, que consiste em verificar o endereço IP de destino, se o pacote não for destinado ao atual roteador, ele pesquisa em sua tabela de encaminhamento para onde deve repassar esse pacote.

São protocolos da camada Internet:

IP - Internet Protocol - Protocolo Internet - **é um protocolo para roteamento, isto é, o endereçamento de pacotes de dados para que eles possam transitar pelas redes e chegar ao destino desejado.** Os dados que atravessam a internet são divididos em partes menores, chamadas de pacotes.

O protocolo IP possui atualmente duas versões:

- **IPv4 é um sistema que usa 32 bits para compor um endereço e uma sequência de números separados por pontos. Um típico endereço IPV4 seria 8.8.8.8 ou** 192,168.0.1;
- **IPv6** é um sistema que usa 128 bits para compor um endereço e sequências alfanuméricas separadas por dois pontos. O endereço IPV6 do site uol.com.br é 2804:49c:3102:401:ffff:ffff:ffff:36:. O IPV6 foi criado por conta de o IPV4 não conseguir atender às solicitações para novos endereços devido a não ter mais endereços disponíveis.

- ICMP – Internet Control Message Protocol – Protocolo de Controle de Mensagens - **é um protocolo de camada de rede usado para diagnosticar problemas de co**nectividade entre equipamentos na rede, sendo usado principalmente para diagnosticar se os dados estão chegando ao destino desejado de forma correta e em tempo hábil.

Um comando bastante usado para fazer esse teste é o comando PING, que neste caso foi usado no prompt de comando do Windows:

C:\Users\Paiva>ping 8.8.8.8
Disparando 8.8.8.8 com 32 bytes de dados:
Resposta de 8.8.8.8: bytes=32 tempo=75ms TTL=113
Resposta de 8.8.8.8: bytes=32 tempo=70ms TTL=113
Resposta de 8.8.8.8: bytes=32 tempo=70ms TTL=113
Resposta de 8.8.8.8: bytes=32 tempo=71ms TTL=113

Estatísticas do Ping para 8.8.8.8:

Pacotes: Enviados = 4, Recebidos = 4, Perdidos = 0 (0% de perda),

Aproximar um número redondo de vezes em milissegundos:

Mínimo = 70ms, Máximo = 75ms, Média = **71ms**

Observe que na saída do comando PING não houve perdas de pacotes e o tempo para entregar o pacote ficou entre 71 e 75 ms (milissegundos).

CAMADA DE ENLACE – Responsável pela conexão entre dois nós adjacentes, preocupando-se com a detecção e correção de erros de transmissão entre os nós da rede e a regulação do fluxo de dados de modo que um nó mais rápido não sobrecarregue um outro nó mais lento. São protocolos da camada de enlace:

Ethernet – Protocolo desenvolvido pelas empresas DIGITAL e XEROX nos anos 1980 voltado para a conexão de máquinas de uma rede local cabeada;

802.11 – O protocolo IEEE 802.11 faz parte de um conjunto de padrões técnicos de rede local, especificando o conjunto de protocolos de controle de acesso à camada física para implementação de comunicação de computador em rede local sem fio (WI-FI);

FDDI (Fiber-Distributed Data Interface) – Conjunto de Protocolos destinados à transmissão de dados por fibra óptica para redes locais.

PPP – Point-to-point Procol (Protocolo Ponto a Ponto) - Controla o tráfego de roteador para roteador, realizando, por exemplo, a transmissão de dados do usuário doméstico para o seu provedor (ISP - Internet Solution Provider);

A figura a seguir mostra o tratamento dado aos dados, que são quebrados PACOTES na camada de TRANSPORTE, sendo transformados em seguida DATAGRAMAS na camada de REDE e ao chegarem na camada de ENLACE, são transformados em QUADROS:

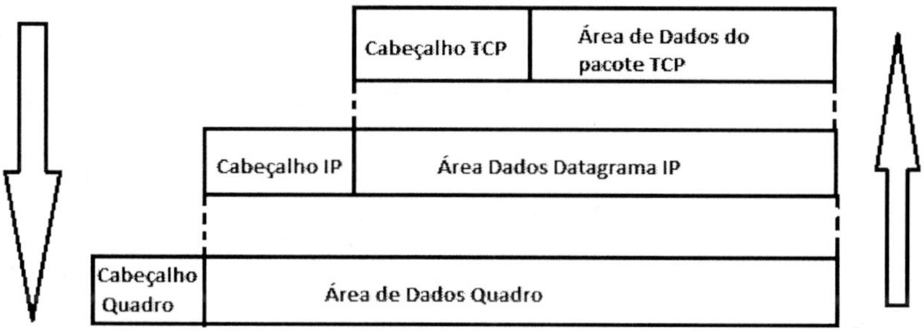

Figura: Tratamento dos dados em cada camada – Fonte: Torres (2016)

Observe que cada camada acrescenta aos dados recebidos os seus dados de controle, os chamados CABEÇALHOS, com informações próprias de cada camada no sentido de cima para baixo e retira informações de cabeçalhos das camadas inferiores no sentido de baixo para cima:

Em resumo, o processo de envio de uma MENSAGEM pela Internet pode ser resumido na figura abaixo:

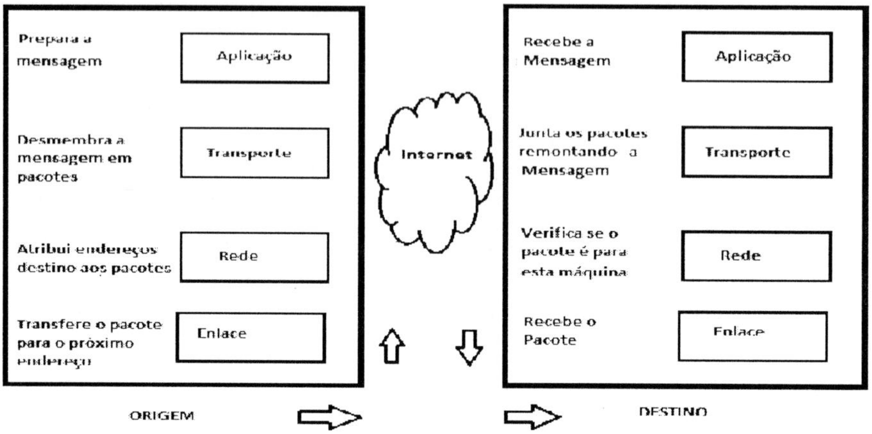

Figura: Envio de mensagem – Fonte: adaptado de BROOKSHEAR(2016)

Alguns autores, a exemplo do mestre Andrew Tanenbaum, acrescentam ao modelo TCP/IP uma camada adicional para fins didáticos, a camada FÍSICA, conforme a figura a seguir:

5	Aplicação
4	Transporte
3	Rede
2	Enlace
1	Física

Figura: Modelo TCP/IP ampliado – Fonte: Tanenbaum (2021)

Essa camada corresponde ao meio físico sobre o qual a rede vai operar efetivamente, isto é, cabos de cobre, cabos de fibra, o ar etc.

Exemplo de uma Empresa com sua Rede e seus Equipamentos

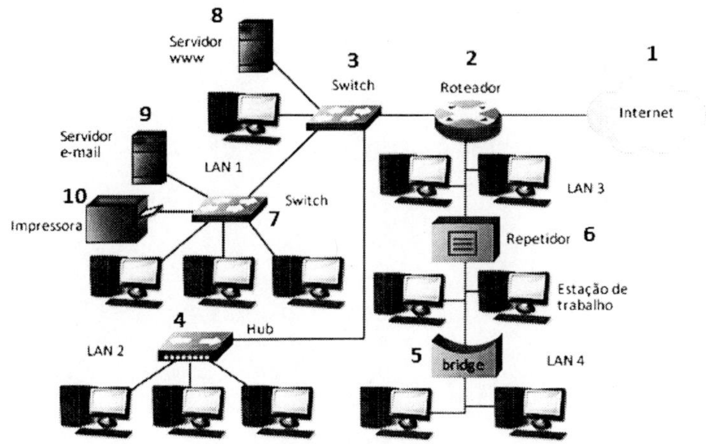

Figura: Exemplo de Redes e seus Equipamentos – Fonte: http://tics.ifsul.edu.br/matriz/conteudo/disciplinas/rco/ua/2/1.html

Nesta empresa, tem-se os seguintes pontos de interesse com seus equipamentos:

1 – Internet;

2- Roteador ligado à Internet e que distribui o sinal para as diversas redes locais da empresa;

3 – Switch – Equipamento que distribui o sinal de rede do Roteador para pontos internos da empresa;

4 – Hub – Equipamento que distribui o sinal recebido do Switch (3) para a LAN 2;

5 – Bridge – Distribui o sinal recebido do Repetidor (6) para a LAN 4;

6 – Repetidor – Equipamento que amplifica o sinal recebido do Roteador (2) para alimentar a LAN 4;

7 – Switch – Recebe o sinal do Switch (3) e distribui o sinal para a LAN 1;

8 – Servidor WWW – Servidor WEB que armazena e compartilha a página da empresa;

9 – Servidor de E-mail – Presta o serviço de receber e enviar e-mails para as máquinas clientes da Empresa;

10 – Impressora – Presta serviço de impressão para as máquinas clientes da empresa.

Material Complementar:

REDES DE COMPUTADORES: https://youtu.be/XLsiWp_idUQ

CLASSIFICAÇÃO DE REDES: https://youtu.be/a4z30c9MIOs

ARQUITETURAS DE REDES: https://youtu.be/moiTYkkuuac

Palavras Cruzadas

1. Protocolo da camada de transporte que divide uma mensagem em pacotes
2. Pedaços nos quais uma mensagem é quebrada para poder transitar pela rede
3. Camada da pilha TCP/IP que acomoda os serviços de interesse do usuário final
4. Camada da pilha TCP/IP que cuida da entrega das mensagens no seu destino correto
5. Maior rede mundial de computadores
6. Camada da pilha TCP/IP que cuida do estabelecimento de rotas (caminhos) para as mensagens transitarem na rede
7. Camada do modelo TCP/IP responsável pela conexão entre dois nós adjacentes.
8. Topologia de rede mais simples disposta em linha
9. Topologia de rede circular

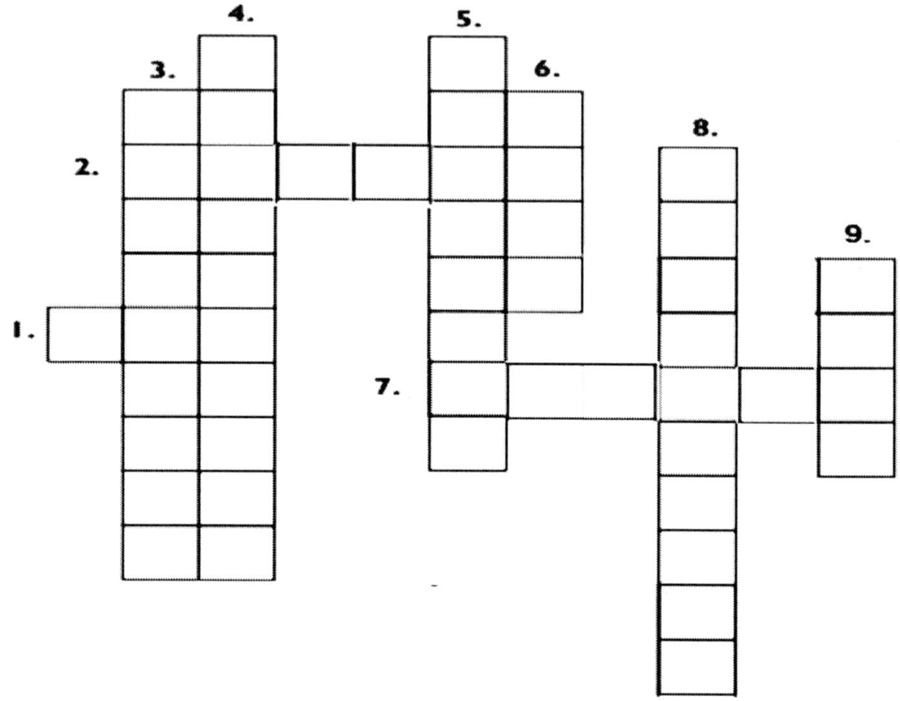

Segurança na Internet

Malware e Ataques Cibernéticos

As ameaças cibernéticas estão presentes de forma marcante no cotidiano de pessoas e organizações, pois em um mundo altamente conectado, empresas e pessoas estão interligadas produzindo e/ou consumindo informações a todo momento.

Nesse contexto, os invasores utilizam os famosos códigos maliciosos, que são denominados genericamente de malware. O termo malware foi originado a partir das palavras da língua inglesa "*malicious*" e "*software*", que ao serem aglutinadas, deram origem a "malware".

A CGI.Br publicou uma cartilha sobre Internet Segura que resume as principais ameaças à Segurança da Informação:

Figura: Principais Ameaças – Fonte: https://www.cgi.br/media/docs/publicacoes/13/20221010125014/guia-internet-segura.pdf

De acordo com o CERT.br (2017, Pag.02):

> Códigos maliciosos, também conhecidos como malware, são programas desenvolvidos para executar ações danosas e atividades maliciosas em equipamentos, como computadores, modems, switches, roteadores e dispositivos móveis (tablets, celulares, smartphones, etc.).

Podemos encontrar diversos tipos de malware, sendo os principais:

Vírus

Vírus é um agente infeccioso que tem capacidade de infectar um dispositivo ou uma rede de computadores, a fim de danificar as máquinas de uma corporação ou usuário. Ele acaba inserindo cópias de si mesmo, se tornando parte de outros programas e arquivos de um computador, mas para se propagar depende da execução do programa ou arquivo hospedeiro para dar continuidade ao processo de infecção se tornando um ativo. Por fim, é recomendado executar apenas programas aprovados e não modificados.

Vermes (*Worms*)

Vermes são códigos maliciosos semelhantes aos vírus, mas não precisam de programas ou arquivos para se multiplicar, sendo que a sua propagação se dá através da exploração de vulnerabilidades existentes ou falhas na configuração de softwares instalados em computadores, causando um consumo de recursos e degradação de desempenho de redes de computadores. Tal ameaça é encontrada para diversas plataformas - entre elas a plataforma do Linux – que podem se espalhar por várias monoculturas e por acesso direto de redes, assim como via páginas da web e correio eletrônico. Worm é um programa capaz de se propagar automaticamente pelas redes, enviando cópias de si mesmo de computador para computador.

Bot e botnet

O termo "bot" tem sua origem na palavra "robot", robô em inglês. Podemos definir um **Bot** como um programa que tem uma similaridade com os worms, tendo a capacidade de se propagar automaticamente, aproveitando as vulnerabilidades que existem nos sistemas computacionais. Além disso, o invasor pode ter acesso remotamente, pois esse tipo de programa possibilita que o invasor possa comandá-lo de maneira remota. Sendo assim, o intruso consegue facilmente encaminhar instruções para que sejam executadas ações maliciosas, como por exemplo, pôr em prática um ataque, furtar dados do computador infectado ou enviar múltiplos e-mails, que é conhecido como "*spam*".

Os botnets são uma rede que conta com uma quantidade grande (milhares) de computadores que foram infectados com o bot, tendo por objetivo principal potencializar os resultados danosos do ataque. Por exemplo, para enviar centenas de e-mails com a intenção de coletar dados de usuários desavisados ou para sobrecarregar um computador, causando a sua instabilidade, o que configura um ataque de **negação de serviço**, pela geração de inoperância daquele serviço.

DOS - Denial of service - Negação de Serviços

Processo que torna um sistema ou aplicação indisponível. Por exemplo, um ataque de negação de serviço pode ser feito com o bombardeamento de solicitações que consomem todos os recursos disponíveis do sistema ou com a transmissão de dados de entrada defeituosos que podem acabar com o bom funcionamento de uma aplicação. Quando os ataques acontecem de forma Distribuída, o DOS passa se chamar DDOS.

Ransomware

Esse tipo de ataque a um computador ou smartphone ou qualquer outro dispositivo acontece por meio da internet, fazendo com que o atacante bloqueie o acesso às informações por meio do uso de algum método de cifragem (criptografia), impedindo que o usuário consiga ter acesso aos seus dados. Este ataque é conhecido como sequestro **(*ransom*)** de dados, pois é cobrado um determinado valor para a devolução das informações.

Especialistas avaliam que esse tipo de ataque tende a aumentar. Um exemplo em anos recentes foi um *Ransomware WannaCry*, que se espalhou rapidamente e atingiu milhares de empresas públicas e privadas em 2017, causando prejuízos milionários.

Spyware

Estes programas têm o objetivo de se apropriar e monitorar as atividades que estão sendo realizadas em uma determinada máquina, seja ela via web ou com o uso de algum programa. Os spywares podem ser subdivididos em:

a. **Keylogger:** esta ferramenta é capaz de capturar tudo o que for digitado pelo usuário.

b. **Screenlogger:** segundo o CERT.br (2017) é "similar ao keylogger, usado por atacantes para capturar as teclas digitadas pelos usuários em teclados virtuais, disponíveis principalmente em sites de Internet Banking".

c. **Adware**: esse tipo spyware é projetado com o intuito somente de apresentar propagandas que ao serem visitadas levam os usuários a páginas falsas.

Cavalo de troia (trojan)

Este tipo de malware é sempre baixado sem que o usuário perceba. Estão geralmente escondidos em aplicações simples, mas que escondem funcionalidades maliciosas que têm o objetivo de alterar o sistema, assim dão a possibilidade de ataque àquela máquina.

Por não ter uma "aparência" fixa, a sua identificação fica ainda mais difícil, ele pode ser um jogo, um MP3 "grátis", por isso é recomendado que não sejam feitos *downloads* nos computadores das empresas. As consequências de um cavalo de troia pode ser simples ou nem tanto, alguns causam sérios problemas.

Backdoor

Os Backdoors são programas que procuram dar a garantia de retorno a um computador comprometido, sem utilizar novas técnicas de invasão, ou retornarem ao computador comprometido sem serem notados.

Rootkit

Os rootkit são definidos como programas que têm como objetivo ocultar a presença de invasores em um equipamento. Segundo o CERT.br "Conjunto de programas e técnicas que permite esconder e assegurar a presença de um invasor ou de outro código malicioso em um equipamento comprometido".

Spoofing

Tentativa de ganhar acesso a um sistema usando uma identidade falsa. Isso só é possível com a utilização de credenciais furtadas ou com a utilização de um IP falso. Após o invasor ter conseguido ganhar acesso como um usuário legítimo ou host, a elevação ou o abuso de privilégios usando a autorização pode começar.

Material Complementar:

Introdução à Segurança da Informação: https://youtu.be/BoveWZCNOWM

CONCEITOS BÁSICOS SOBRE SI: https://youtu.be/G9rM70Oa4mU

PRINCÍPIOS DA SEGURANÇA DA INFORMAÇÃO: https://youtu.be/PPq251Xpjf4

Malware – Parte I:

MALWARE – PARTE II: https://youtu.be/Xhdx2wFDzFc

VULNERABILIDADES DE SENHAS: https://youtu.be/JgBzdUHUEyI

RESUMO GERAL SOBRE SEGURANÇA DA INFORMAÇÃO: https://youtu.be/_TESXeg2UQw

Atividades

1. Você saberia explicar como funciona a Internet?
2. Você tem Internet na sua casa? Se sim, quem é o fornecedor? Qual a velocidade da sua Internet?
3. Compare as características da sua internet com a dos colegas da sua sala.
4. Quais as diferenças entre IPV4 e IPV6? Por que o IPV6 foi criado?
5. Na sua casa ou na casa de algum familiar já aconteceu algum ataque de MALWARE?
6. Pesquise quais são os Malwares mais atuantes na atualidade.
7. Você usa antivírus na sua casa?
8. Por que os dados são quebrados em pacotes para serem transferidos pela Internet?
9. Descreva os principais equipamentos que possibilitam o seu acesso à Internet.
10. Pesquise sobre como é a instalação de equipamentos e softwares na sua escola.
11. Pesquise na sua sala quem usa Internet em casa. Quem tem computador com acesso à Internet. Quem acessa apenas via celular da família. Faça um relatório e discuta os resultados com a sua turma.
12. Descreva os principais equipamentos de rede, descrevendo a função de cada um deles.
13. Se você tem Internet em casa, qual é o seu provedor? Qual é a velocidade da sua conexão? Qual o endereço IP do seu roteador?
14. Quais são as principais medidas para proteger-se de ataques de malwares?

Palavras Cruzadas

1. Ataque que consiste no envio de um link (isca) para que a vítima faça uso e acione um ataque que rouba seus dados.
2. Malware que é conhecido como VERME e se espalha pela rede do usuário muito rapidamente.
3. Palavra inglesa que designa uma estação ou um nó em uma rede.
4. Barreira de proteção que impede a entrada de ameaças na rede interna, podendo ser implementado como apenas um software ou hardware e software.
5. Primeira ameaça cibernética surgida nos anos 1980.
6. Software que protege um computador contra ameaças externas.

3.3 - Compreender e utilizar diferentes formas de armazenar, manipular, compactar e recuperar arquivos, documentos e metadados. (EF69CO08)

Segundo Tanenbaum (2010), atualmente, praticamente todas as aplicações precisam armazenar e recuperar informações.

A informação que criamos e consumismo é armazenada nos sistemas de armazenamento de massa (discos rígidos ou SSDs, por exemplo) em unidades chamadas arquivos.

Um arquivo típico pode consistir em um documento completo sob a forma de texto, uma fotografia, um programa, ou uma coleção de dados (um registro) a respeito dos funcionários de uma companhia.

Outra questão importante diz respeito à garantia de que esses arquivos com informações importantes sejam mantidos íntegros, salvaguardados de erros de manipulação ou ações maliciosas de terceiros.

O esquema de armazenamento dos dados em um sistema operacional é denominado de SISTEMA DE ARQUIVOS. Por arquivo entenda-se um conjunto de dados armazenados em um dispositivo de armazenamento.

Hoje, todos os sistemas operacionais possuem sistemas de arquivos para gravar informações em um dispositivo de armazenamento. São exemplos de sistemas de arquivos da família Windows: FAT, HPFS, NTFS, RFS. São exemplos de sistemas de arquivos da família Linux: EXT, EXT2, EXT3, EXT4 e ReiseFS.

Os sistemas de arquivos têm avançado com a evolução dos sistemas operacionais. Essas melhorias dos sistemas de arquivos podem ser observadas em termos do tamanho máximo admitido para os arquivos, quantidade de caracteres nos nomes dos arquivos, capacidade de recuperação a falhas, velocidade de acesso, facilidade de pesquisa, dentre outras características.

Uma questão importante é que as características físicas dos dispositivos de armazenamento de massa ditam a forma como esses arquivos devem ser armazenados e recuperados.

Quando explicamos a estrutura de um disco rígido (HD), falamos que eles eram estruturados em trilhas circulares concêntricas e que a interseção perpendicular ao longo dessas trilhas o movimento do cabeçote de leitura acessa os chamados setores:

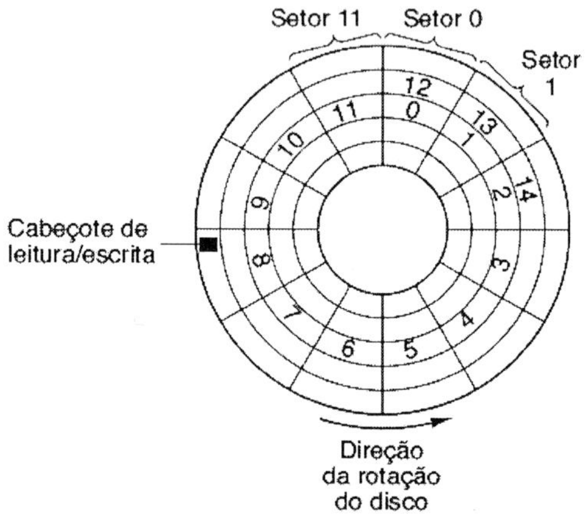

Figura: Organização de um HD – Fonte:Tanenbaum (2013)

Cada setor de um disco magnético deve ser obrigatoriamente tratado como uma longa cadeia de bits. Um bloco de dados dimensionado com base nas características físicas de um dispositivo de armazenamento recebe a denominação de registro físico. Assim, um arquivo guardado em um sistema de armazenamento de massa geralmente consiste em muitos registros físicos.

Contrariamente ao que se poderia pensar de que os dados sejam gravados pela aplicação com base nos registros físicos cujos tamanhos são impostos pelas características físicas dos dispositivos de armazenamento, o arquivo a ser armazenado normalmente apresenta suas divisões baseadas na lógica da aplicação. Sendo assim, um arquivo que contenha informação relativa aos alunos de uma escola seja dividido em registros lógicos, cada um a informação específica de cada aluno.

Tais agrupamentos naturais de dados, um para cada funcionário, são denominados registros lógicos. Raramente os comprimentos dos registros lógicos combinam exatamente com os dos registros físicos em um dispositivo de armazenamento em massa. Por essa razão, podem-se encontrar vários registros lógicos em um único registro físico. Entretanto, em casos raros, pode acontecer também que um registro lógico se divida em dois ou mais registros físicos.

Deve-se destacar que para melhorar o desempenho do acesso aos dispositivos de armazenamento, é usual o uso do conceito de fator de bloco, que é o dimensionamento do registro lógico como um submúltiplo do tamanho do bloco físico, o que faz com que vários registros lógicos sejam lidos em uma única operação de leitura física no dispositivo de armazenamento. Sendo assim, fator de bloco é a quantidade de registros lógicos que cabem exatamente em um bloco físico do dispositivo. Quando esta conta não é exata, pode-se deixar uma folga com campos em branco no registro para facilitar a divisão exata.

A figura a seguir mostra essa associação entre registro físico (bloco) e registro lógico (registro):

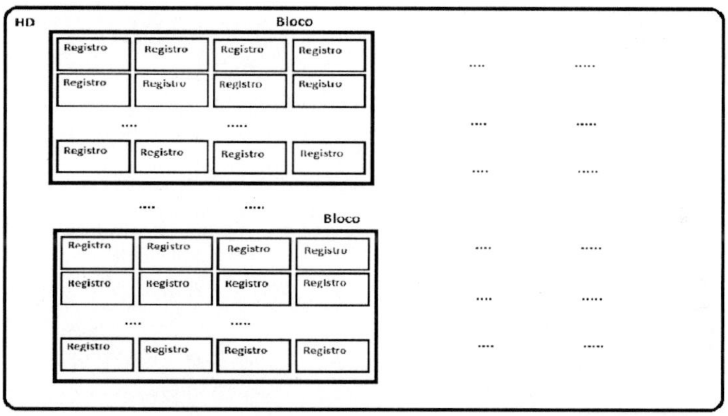

Figura: Relação entre Bloco e Registro – Fonte: Criação Própria

Dessa forma, registros blocados em registros físicos podem ser transferidos entre a memória principal e o dispositivo de armazenamento em grandes volumes, enquanto os dados residentes na memória principal podem ser referenciados em termos de registros lógicos. A área da memória usada dessa maneira é chamada de *buffer*.

Em geral, um buffer é usado durante o processo de transferência de um dispositivo para outro. Por exemplo, as impressoras modernas contêm circuitos de memória cuja maioria é usada para montar partes de um documento que foi transferido para a impressora, mas ainda não foi impresso, otimizando o processo de impressão.

Nomeação de Arquivos

Os sistemas operacionais usam regras para dar nome aos arquivos. Essas regras em geral, seguem dois caminhos:

1. Uso de nome e extensão – padrão usado pela família WINDOWS: neste caso, os arquivos têm uma identificação que é composta de duas partes NOME e EXTENSÃO.

Algumas extensões comuns do Windows:

EXTENSÃO	SIGNIFICADO	EXEMPLO
.com	Programa executável	Progr.com
.exe	Programa executável	Proge.exe
.c	Programa fonte linguagem C	Teste.c
.py	Programa fonte Linguagem Python	Programa.py
.doc	Documento do Editor Word	Trabalho.doc
.pdf	Arquivo do formato PDF	Minuta.pdf
.html	Documento/Página HTML	Index.html
.jpg	Imagem codificada no padrão JPEG	Figura.jpg
.mp3	Música no formato MPEG	Carnaval.mp3

2. Não utilização de extensão – padrão Linux e Unix: nos sistemas derivados do UNIX, as identificações de arquivos não fazem uso da ideia de extensão, utilizando todos os caracteres como um nome único.

Tipos de Arquivos

De uma maneira geral, um arquivo pode ser do tipo **REGULAR** ou um **DIRETÓRIO**.

ARQUIVO REGULAR – são os arquivos comuns que são armazenados e gerenciados pelo sistema de arquivos. Um arquivo regular basicamente pode ser de dois tipos:

- **ASCII** – são os arquivos mais simples, compostos de linhas de texto e que possuem finalidades variadas (texto, programas fontes, etc.);

- **BINÁRIO** – um arquivo executável cujo conteúdo não é visível textualmente. No Windows, os arquivos binários possuem extensão ".COM" ou ".EXE".

DIRETÓRIO – é um tipo de arquivo que ajuda o sistema de arquivos a organizar outros arquivos e diretórios, que podem estar organizados dentro do diretório pai.

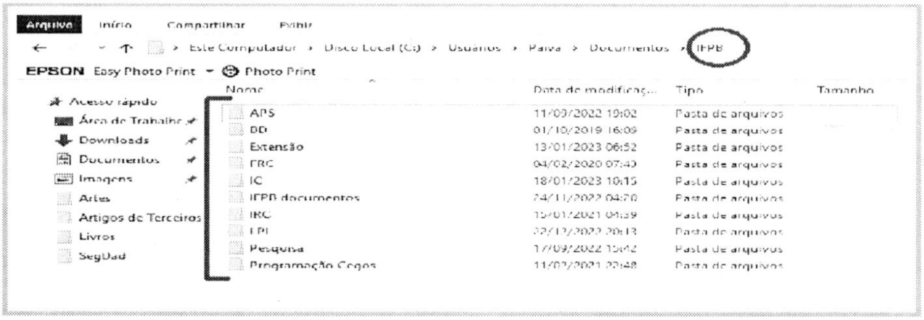

Figura – Uma pasta do Windows vista no Windows Explorer

Observe o diretório **IFPB** na figura acima, que possui dentro de si vários diretórios (subdiretórios) e cada um desses possui vários arquivos.

Tipos de Arquivos Quanto à Forma de Acesso

Os arquivos quanto ao tipo de acesso aos seus registros podem ser:

SEQUENCIAL – tipo de arquivo cujo acesso aos seus registros é necessariamente feito na forma sequencial, de forma ordenada do início até o fim. Em um arquivo sequencial, para acessar o registro de ordem N, tem que passar pelos **N-1** primeiros registros.

ALEATÓRIO – é um tipo de arquivo em que o acesso aos registros pode ser feito em qualquer ordem, independentemente da posição física do registro, bastando usar uma chave de acesso que leva diretamente ao conteúdo do registro procurado.

Operações Sobre Arquivos

O sistema de arquivos fornece um conjunto de operações básicas que atuam sobre os arquivos e que podem ser usadas pelos programas de aplicação para agirem sobre os mesmos:

OPERAÇÃO	SIGNIFICADO
Create	Cria o arquivo sem conteúdo
Delete	Apaga o arquivo e libera o espaço ocupado por ele
Open	Antes de usar um arquivo, ele precisa ser aberto para que o sistema carregue na memória principal as informações sobre o arquivo
Close	Fecha o arquivo, tornando-o indisponível para uso e atualizando as informações sobre o mesmo no sistema de arquivos
Read	Faz a leitura dos dados do arquivo, trazendo os dados do registro físico para a memória principal. Nem sempre uma operação de leitura é feita diretamente no dispositivo físico, principalmente quando um registro físico agrupa vários registros lógicos.
Write	Grava o registro na memória permanente
Append	Grava um registro no final do arquivo.
Rename	Muda o nome de um arquivo
Get Attributes	Pega informações sobre um arquivo
Set Attributes	Altera os atributos de um arquivo
Seek	Acessa os dados de forma aleatória, evitando o acesso sequencial aos dados, que é mais lento. O SEEK precisa de uma chave de acesso

Metadados

Pode-se dizer que METADADOS são os dados sobre os dados. Por exemplo, os metadados de um livro seriam o seu autor, o título, a editora, o ano, os assuntos etc.

Tudo que pode ajudar o interessado no livro a encontrá-lo em uma base de dados ou catálogo.

Em um sistema de controle de processos, os metadados de um processo incluem os seguintes campos:

- **Protocolo**: é o número e protocolo automático atribuído para novos processos ou o número informado já existente atribuído pelo usuário quando digitaliza um processo físico.
- **Tipo de Processo**: é o que determina o fluxo do processo e os modelos de documentos a serem utilizados no processo. Cada tipo de processo tem uma base de conhecimento associada, que muda quando se altera o tipo de processo.
- **Especificação:** é o título que especifica o assunto do processo da forma mais detalhada possível.
- **Classificação por Assuntos**: é o que determina o objetivo do processo e também a guarda do processo e seus documentos.
- **Interessados**: podem incluir todas as pessoas físicas e jurídicas que sejam interessadas no processo, desde os solicitantes, autorizantes, ordenadores, fornecedores, participantes, enfim, todos aqueles que efetivamente vão utilizar o processo para alguma coisa.
- **Observações**: são as informações importantes que não couberam em outros campos; este campo também é apresentado na busca.
- Nível de Acesso: indica se o processo é público, restrito ou sigiloso.

Fonte: https://www.portalsei.ufscar.br/documentos-institucionais/capacitacao/treinamentos/treinamento-sei-conteudo-teorico/10-uso-de-metadados-em-documentos-e-processos

Com base em Tanenbaum (2010), listamos os atributos ou METADADOS comuns que os sistemas de arquivos administram sobre os arquivos que estão sob a sua guarda:

Atributo / Metadado	Significado
Nome	Identificação do arquivo
Proteção	Quem tem acesso ao arquivo e o que pode fazer
Senha	Senha usada para acessar o arquivo (opcional)
Criador	Usuário que criou o arquivo
Proprietário	Usuário que é o atual dono
Tamanho atual	Número de bytes do arquivo
Tamanho do registro	Tamanho em bytes do registro
Tamanho máximo	Tamanho máximo do arquivo em bytes
Momento de criação	Data e hora de criação do arquivo
Momento do último acesso	Data e hora do último acesso ao arquivo
Momento da última alteração	Data e hora da última alteração do arquivo
Flag de somente leitura	**0** para leitura/escrita; **1** para apenas leitura
Flag de Oculto	**0** para normal; **1** para não exibir o arquivo
Flag de ASCII/Binário	**0** para ASCII; **1** para Binário
Flag de Travamento	**0** para destravado; **1** para travado (não está liberado para acesso)
Flag de Temporário	**0** para arquivo normal e **1** para apagar ao sair do programa.
Posição do campo chave	Posição do campo chave em cada registro
Tamanho do campo chave	Tamanho do campo chave em bytes

Compactação de Arquivos

Quem não precisou imprensar suas roupas para caberem na mala?

Fonte: https://www.winzip.com/br/learn/tutorials/file-compression/

Essa é a ideia da compactação de arquivos.

A compactação pode ser útil em algumas situações:

- para economizar espaço de armazenamento;
- reduzir custos de armazenamento terceirizado (quando se paga para guardar os dados na nuvem);
- aumentar a velocidade de transferência de arquivos.

De uma forma simplificada, existem dois tipos principais de compactação de um arquivo: **sem perda** e **com perda**.

A compactação **SEM PERDA** busca reduzir o tamanho do arquivo sem perder conteúdo. Nesta modalidade de compactação, busca-se eliminar a repetição encadeada de conteúdos ou a redundância.

Ao eliminar a redundância, você mantém apenas um determinado valor e controla a quantidade de repetições. Suponha um texto escrito da seguinte forma:

Maria   foi ao curso de digitação e registrou: 1111BBBBBCCC

Vai ser compactado como:

Maria9 foi ao curso de digitação e registrou: 315B3C

Observe que o conteúdo da linha compactada ficou com 53 caracteres, enquanto que o texto original tinha mais de 70! Uma compactação de quase 25% do tamanho total do texto original.

A compactação **COM PERDA** reduz o tamanho do arquivo eliminando alguns que o software de compactação julga que não são essenciais para manter a utilidade do mesmo.

Esse tipo de compactação funciona para alguns tipos de arquivos bem específicos, tais como arquivos de mídia, como vídeo, áudio e fotos, já que esses tipos de arquivos sofrem menos com alguma perda de dados ocasional.

Na página da Microsoft, https://support.microsoft.com/pt-br/windows/compactar-e-descompactar-arquivos, você tem dicas de como compactar e descompactar seus arquivos:

Para compactar (zipar) um arquivo ou uma pasta

1. Localize o arquivo ou a pasta que você quer zipar.

2. Pressione e segure (ou clique com o botão direito do mouse) no arquivo ou pasta, selecione (ou aponte para) **Enviar para** e, em seguida, selecione **pasta compactada (zipada)**.

   Uma nova pasta compactada com o mesmo nome é criada no mesmo local. Para renomeá-la, pressione e segure (ou clique com botão direito) a pasta, selecione **Renomear** e depois digite o novo nome.

Para descompactar (ou extrair) os arquivos ou pastas de uma pasta compactada

1. Localize a pasta compactada cujos arquivos ou pastas você quer descompactar (extrair).

2. Siga um destes procedimentos:

- Para descompactar um único arquivo ou pasta, abra a pasta zipada, arraste o arquivo ou a pasta da pasta zipada para um novo local.

- Para descompactar todo o conteúdo da pasta zipada, pressione e segure (ou clique com botão direito) a pasta, selecione Extrair **Tudo** e siga as instruções.

Criptografia

Criptografia tem sua designação formada pela junção de duas palavras: "cripto" que significa "oculta" e "grafia" que significa "escrita", significando literalmente "escrita oculta".

A criptografia vem sendo utilizada há milhares de anos pelos seres humanos. Uma das técnicas de cifragem mais antigas que se tem registro é a chamada "cifra de César", que foi utilizado pelo general e imperador romano Júlio César por volta do ano 50 A. C.

Na WIKIPEDIA, encontramos o seguinte texto a respeito da Cifra de César:

A Cifra de César é um tipo de cifragem por substituição na qual cada letra do texto é substituída por outra, que se apresenta no alfabeto abaixo dela um número fixo de vezes. Por exemplo, com uma troca de três posições, A seria substituído por D, B se tornaria E, e assim por diante. O nome do método é em homenagem a Júlio César, que o usou para se comunicar com os seus generais.

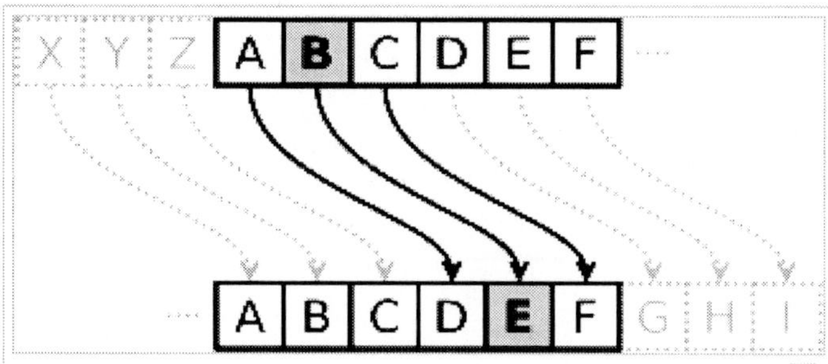

A transformação pode ser representada alinhando-se dois alfabetos; o alfabeto cifrado é o alfabeto normal rotacionado à direita ou esquerda por um número de posições. Por exemplo, aqui está uma cifra de César usando uma rotação à esquerda de três posições:

```
Normal:  ABCDEFGHIJKLMNOPQRSTUVWXYZ
```

```
Cifrado: DEFGHIJKLMNOPQRSTUVWXYZABC
```

Fonte: https://pt.wikipedia.org/wiki/Cifra_de_C%C3%A9sar

ATIVIDADE

01 - Escreva seu NOME completo cifrado pela técnica da Cifra de César.

Seu Nome: ____

Seu Nome cifrado: ____

Nos tempos atuais a criptografia é usada para garantir a privacidade dos conteúdos que trafegam pelas redes, visando impedir o acesso indevido a dados sensíveis e conversas entre indivíduos.

Basicamente, existem duas grandes categorias de métodos criptográficos:

1. Criptografia simétrica - método que utiliza uma única chave compartilhada entre o emissor e o receptor de uma mensagem cifrada. Emissor e receptor precisam utilizar essa chave comum para cifrar e decifrar o conteúdo original. Esquematicamente, a criptografia simétrica funcionaria assim:

Criptografia Simétrica - Fonte: Criação própria

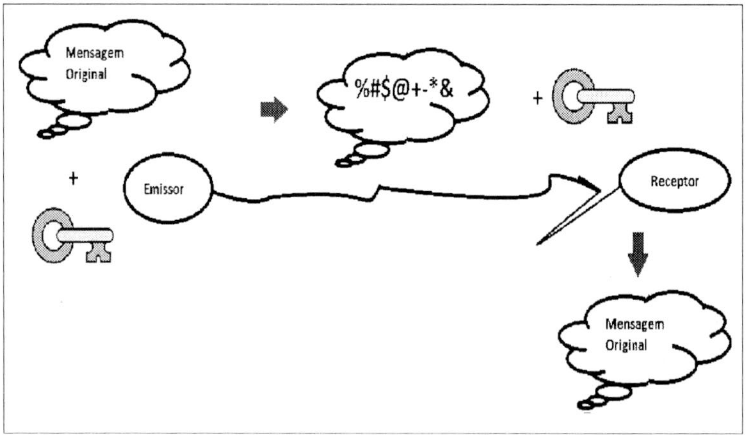

Observe que a mesma chave é usada para cifrar a mensagem original e para decifrar o texto cifrado para que o receptor tenha acesso ao texto original.

1. Criptografia assimétrica - método que utiliza duas chaves, sendo uma pública e outra privada para a cifragem e decifragem de uma mensagem. Quem gera um conteúdo cifrado e vai enviar para uma outra pessoa utiliza a chave pública do receptor para codificar a mensagem. No momento da recepção da mensagem, o receptor usa a sua chave privada para ler o conteúdo pleno da mensagem.

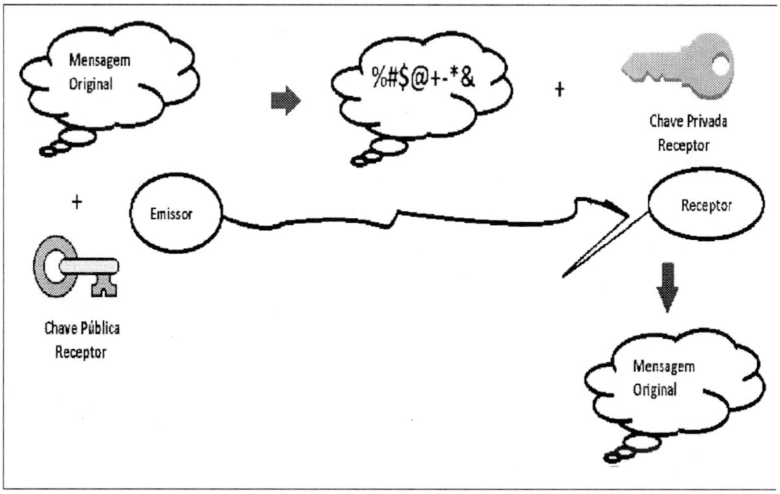

Criptografia Assimétrica - Fonte: Criação própria

Observe que na criptografia assimétrica a chave usada para criptografar é de conhecimento público, enquanto que a chave usada para decifrar a mensagem é de conhecimento apenas do destinatário da mensagem.

Material Complementar:

Introdução à Criptografia: https://youtu.be/XYI7bvfrYIU

Criptografia Simétrica: https://youtu.be/V27Mzak30-0

Criptografia Assimétrica: https://youtu.be/i5pshlBmQd8

Atividades

1. Por que os dados precisam ser gravados?
2. Qual a diferença entre memória principal e memória permanente?
3. Você saberia explicar como os dados são gravados de forma permanente em um computador?
4. O que você entendeu sobre uma extensão de um arquivo?

5. Quanto ao acesso aos dados, um arquivo pode ser classificado de que forma?

6. O que é um sistema de arquivos?

7. Por que os computadores cada vez estão sendo lançados com discos rígidos menores?

8. Por que atualmente tem havido uma migração para armazenamento em nuvem?

9. Pesquise quais as principais empresas que oferecem serviços na nuvem? Quais são os serviços que essas empresas oferecem?

10. Por que os arquivos devem ser criptografados? O que significa confidencialidade?

11. Quais as diferenças entre criptografia simétrica e assimétrica?

12. O que significa compactar um arquivo?

13. Um arquivo compactado pode ser descompactado? Neste processo podem acontecer perdas de dados? O que significa percentual de compactação?

Palavras Cruzadas

1. Tipo de criptografia que utiliza duas chaves, sendo uma pública e outra privada

2. Operação realizada sobre arquivos de forma a diminuir o tamanho dos dados originais, economizando espaço de armazenamento dos mesmos

3. Operação realizada sobre os dados de uma mensagem de forma a dificultar que terceiros não ligados a uma comunicação tenham acesso ao conteúdo dessa mensagem

4. Unidade física utilizada para ler ou gravar em um dispositivo de armazenamento

5. Um dos primeiros códigos para representação de caracteres que utiliza um byte como espaço de codificação

6. Círculos concêntricos utilizados para organizar o espaço de discos rígidos (HDs)

7. Tipo de criptografia que utiliza uma única chave de conhecimento do emissor e do receptor da mensagem

8. Unidade lógica gerenciada pelo sistema operacional que é usada para gravar dados em um dispositivo de armazenamento, podendo possuir extensão e metadados.

3.4 - Compreender os conceitos de paralelismo, concorrência e armazenamento/ processamento distribuídos. (EF69CO09)

Você já tentou fazer duas ou mais coisas ao mesmo tempo? Em paralelo?

Pois bem, os computadores mais potentes são projetados para fazerem várias coisas ao mesmo tempo!

Para isso, os projetistas de computadores têm trabalhado para aumentar a capacidade dessas máquinas de realizarem trabalhos paralelos, isto é, ao mesmo tempo.

Nem sempre foi assim. Os primeiros computadores foram projetados para realizarem seu trabalho de forma sequencial, uma tarefa após a outra. Na figura a seguir, tem-se N tarefas sequenciais que são processadas uma após a outra:

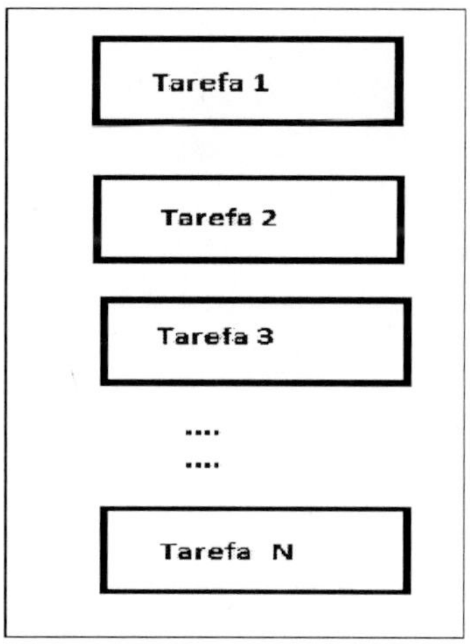

Figura: Tarefas sequenciais

Observe que a "tarefa 3" só será executada após a execução da "tarefa 1" e da "tarefa 2". A tarefa "N" só será executada após as "N-1" tarefas que a antecedem.

Essa é a lógica do processamento **SEQUENCIAL**.

Estudos mostraram que o processamento sequencial não tirava o melhor proveito dos computadores, fazendo com que eles ficassem ociosos uma boa parcela do seu tempo útil, desperdiçando recursos literalmente.

Outras áreas de ocupação humana já tinham lidado com esse tipo de problema, sendo a linha de produção criada por Henry Ford, um exemplo de solução para aumentar a produtividade em um ambiente fabril.

A figura a seguir mostra a fábrica do Fort T em 1913:

Fonte: https://motor1.uol.com.br/photo/2308930/ford-model-t-factory-cutaway-sketch-by--david-kimble/

Ford organizou a montagem dos seus carros por etapas e especializou os seus operários em cada uma dessas etapas, fazendo com que os carros passassem por estações especializadas em determinadas tarefas, configurando a sua linha de montagem.

Cientistas da Computação começaram a estudar modelos que permitissem usar melhor, isto é, otimizar o tempo de utilização efetiva dessas máquinas. Como viabilizar o processamento **PARALELO**?

Basicamente, três caminhos foram seguidos:

1. paralelismo por software - escrever programas, notadamente sistemas operacionais, que buscassem diminuir a ociosidade dos computadores;
2. paralelismo por hardware - construir processadores que tivessem uma arquitetura paralela com vários núcleos de processamento diferentes;
3. combinação das propostas 1 e 2.

A opção predominante tem sido a opção número três que usa uma combinação de hardware e software para implementar o paralelismo.

Nos últimos anos ficou muito em voga a expressão "processador mutli-core" ou "processador multinúcleo", o que na prática significa um processador que tem dois ou mais núcleos de processamento no interior de um único chip implementando a ideia de que ter mais núcleos processantes reduz o tempo de computação de uma determinada tarefa.

Tanenbaum, em seu livro Sistemas Operacionais Modernos, mostra a figura a seguir de um processador com 4 núcleos processantes:

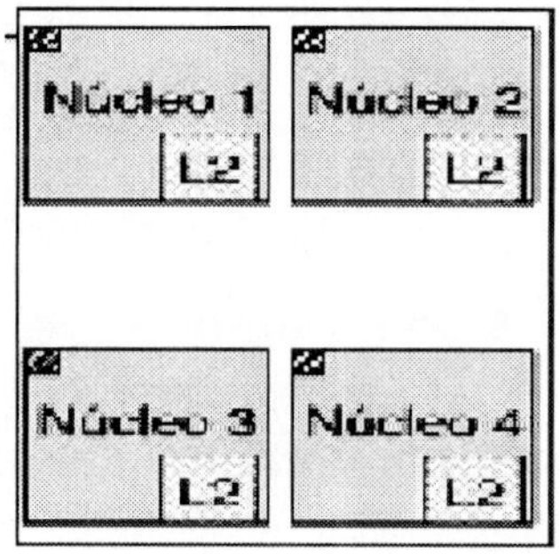

Fonte: Tanenbaum (2010)

No exemplo, os 4 núcleos processantes vão se dividir no processamento de uma determinada tarefa. Uma questão importante é qual o critério de decomposição de uma tarefa de tal forma a trazer ganhos em termos da redução do tempo total do processamento.

Outro ponto que deve merecer a sua atenção é que o paralelismo gera concorrência simultânea pelos mesmos recursos, como por exemplo, uma impressora, um disco rígido, um registro em um Banco de Dados, uma posição de memória, dentre outras coisas que podem ser disputadas por processos que são executados em paralelo.

É preciso prever essa possibilidade de acesso concorrente a um mesmo recurso que só pode ter um acesso de cada vez. Um exemplo interessante para ilustrar essa questão é um serviço de reservas de apartamentos de um hotel ou a reserva de um lugar em um assento de um avião. Se não houver um controle eficiente, um apartamento ou um assento pode ser vendido em duplicidade, gerando um problema para as pessoas e para as empresas envolvidas no processo.

Observe que em um mundo com cada vez mais usando a ideia de computação distribuída, a concorrência nem sempre ocorre dentro de uma mesma máquina. A reserva de uma passagem aérea pode estar sendo feita em um computador do outro lado do mundo!

Cada vez mais gigantes como o Google e a Amazon estão oferecendo armazenamento e processamento utilizando a ideia de nuvem (cloud). Essa tecnologia está mudando o paradigma de que as empresas obrigatoriamente precisam possuir um parque próprio de máquinas e profissionais de Tecnologia da Informação.

De acordo com a Wikpedia, **Computação em nuvem** (em inglês, ***cloud computing***) é um termo coloquial para a disponibilidade sob demanda de recursos do sistema de computador, especialmente armazenamento de dados e capacidade de computação, sem o gerenciamento ativo direto do proprietário (usuário).

O termo geralmente é usado para descrever centros de dados disponíveis para muitos utilizadores pela Internet. Nuvens em grande escala, predominantes hoje em dia, geralmente têm funções distribuídas em vários locais dos servidores centrais.

O armazenamento de dados é feito em serviços que poderão ser acessados de qualquer lugar do mundo, a qualquer hora, não havendo necessidade de instalação de programas ou de armazenar dados. O acesso a programas, serviços e arquivos é remoto, através da Internet - daí a alusão à nuvem. O uso desse modelo (ambiente) é mais viável, do ponto de vista financeiro, do que o uso de unidades próprias.

Num sistema operacional disponível na Internet, a partir de qualquer computador e em qualquer lugar, pode-se ter acesso a informações, arquivos e programas num sistema único, independente de plataforma. O requisito mínimo é um computador compatível com os recursos disponíveis na Internet.

Fonte: Wikipedia

Atividades

1. Você acha que fazendo um trabalho escolar em grupo termina em mais ou menos quanto tempo?

2. O que precisa existir para que um trabalho em grupo seja melhor que um trabalho feito de forma individual?

3. Você costuma fazer coisas em paralelo, como por exemplo, estudar e ouvir músicas? Assistir TV e conversar em aplicativo de mensagens? Como você faz para uma coisa não atrapalhar a outra? Discuta com seus colegas e professores sobre essa questão.

4. O computador que você usa para fazer suas atividades possui mais de uma unidade processante (núcleos)? Pesquise e responda.

5. O controle das atividades paralelas realizadas em um computador é feito apenas por hardware ou por software ou por uma combinação das duas partes?

6. Pesquise como os sistemas computacionais lidam para gerenciar atividades concorrentes.

7. Pesquise microcomputadores que possuem uma estrutura paralela, suas características e preços.

Palavras Cruzadas

1. Empresa que é uma das maiores na área de computação na Nuvem
2. Nuvem em Inglês
3. Maior sistema distribuído existente atualmente
4. Quando duas ou mais aplicações disputam um mesmo recurso, passa a existir
5. Uma máquina que tem vários processadores possui esse tipo de processamento
6. Empresa de Cloud e comércio eletrônico cujo proprietário é Jeff Bezos
7. Empresa proprietária do Windows que também é uma gigante na nuvem

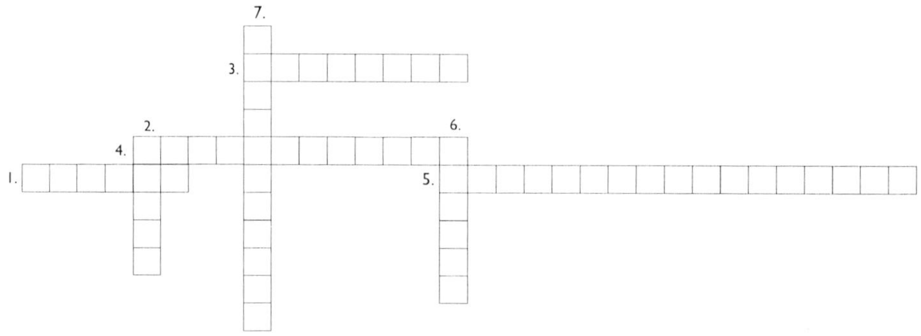

3.5 - Apresentar conduta e linguagem apropriadas ao se comunicar em ambiente digital, considerando a ética e o respeito. (EF69CO11)

Conduta e Linguagem Apropriadas em Ambientes Virtuais

Praticamente, todos os dias, ficamos sabendo de pessoas que postaram em seus perfis nas redes sociais coisas inapropriadas, causando desgaste para elas mesmas ou constrangimentos para outros.

São exemplos de postagens e comentários recentes que causaram reações e constrangimentos:

- exposição da intimidade pessoal ou de terceiros - postagem de fotos íntimas;
- ataques racistas - ataques ou agressões a pessoas de uma determinada raça;
- ataques homofóbicos - postura desrespeitosa com ataques a homossexuais;
- ataques xenófobos - aversão a pessoas estrangeiras;
- depreciação da imagem de pessoas ou empresas - postagem que ataque a dignidade de uma pessoa ou a imagem de uma empresa.

Antes de postar e/ou comentar em ambientes virtuais deve-se refletir sobre as possíveis consequências do que vai ser dito. Responder algumas perguntas antes de publicar algo pode ajudar a não cometer deslizes:

- Está certo?
- Quais as consequências?
- É legal?
- Vou atingir alguém?
- Meus amigos e familiares aprovariam?
- Como vou me sentir após fazer isto?

Um exemplo recente de postagens "infelizes" foram feitas por milhares de pessoas no episódio da invasão de Brasília:

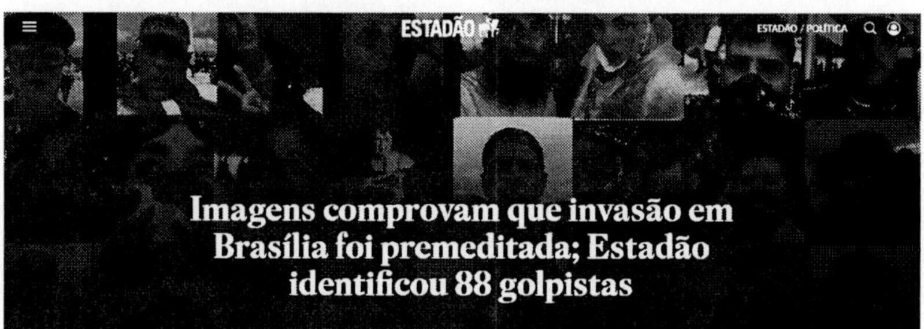

Fonte: https://www.estadao.com.br/politica/imagens-invasao-brasilia-stf-congresso-planalto-golpistas-extremistas-presos-bolsonaro/

As postagens geraram grande repercussão na mídia nacional e internacional, tendo sido usadas para identificar milhares de pessoas que participaram do episódio, possivelmente trazendo dissabores para os seus autores, fazendo com que alguns até tivessem que excluir os seus perfis das redes sociais.

Pensar bem antes de postar é uma forma de proteger-se contra problemas futuros!

Dados Pessoais, Riscos em Ambientes Virtuais, Segurança e Privacidade

A exposição excessiva em ambientes virtuais pode trazer consequências desagradáveis! As páginas policiais registram casos de roubos, sequestros, extorsões e outros casos de dissabores oriundos da exposição nas redes sociais.

Um caso recente e de grande repercussão foi o roubo à casa do humorista Carlinhos Maia quando ele estava viajando. Quando foi preso, o ladrão disse:

> "Já vinha acompanhando a vida do Seu Carlinhos pela rede social dele. Pelo que ele postava, tudo direitinho, eu vi que ali podia ter uma oportunidade"

Fonte: https://g1.globo.com/fantastico/noticia/2022/08/21/ladrao-das-joias-e-do-relogio-de-luxo-de-carlinhos-maia-conta-como-planejou-o-roubo.ghtml

Os criminosos escolhem suas vítimas em função da condição financeira e da rotina que são expostos nas redes sociais.

> Saber diferenciar o que pode e não pode ser tornado público é um mecanismo de defesa que pode fazer toda a diferença para o usuário das comunidades virtuais.

Os golpes mais comuns são relatados por esta reportagem do site R7.com:

https://noticias.r7.com/cidades/fotos/golpe-do-amor-do-pix-e-da-fruta-veja-os-crimes-mais-frequentes-que-podem-se-repetir-no-proximo-ano-22122022

Ética e Respeito em Ambientes Virtuais

A palavra ética, segundo o Dicionário Dicio on-line, https://www.dicio.com.br, significa:

> **"Ética"** se refere aos **preceitos inerentes ao ser humano** que são a base das normas que regulam o seu **comportamento** ou o de uma sociedade.
>
> Outro termo que é sempre usado em associação com ética é a palavra **moral,** que no mesmo site é apresentada da seguinte forma:
>
> **"Moral"** são as próprias **regras já estabelecidas**, e que regulam os comportamentos dos que vivem em uma sociedade.

Apesar de muitos acreditarem que se tem anonimato na Internet, isto não corresponde à verdade. A Internet não é terra sem lei! Tudo o que se faz é registrado e pode ser rastreado.

O importante é agir de forma ética e respeitosa para com os amigo(a)s virtuais.

Pensar antes de agir e postar conteúdos inadequados evitará problemas pessoais e com a justiça.

Atividades

1. Você usa alguma rede social? Se sim, qual é e sobre o que costuma postar?

2. Pesquise as redes sociais mais usadas na sua turma da escola. Monte uma tabela com os quantitativos de usuários das principais redes sociais e os percentuais de cada uma.

Rede Social	No. Usuários	% Do Total
Totais		100%

3. Qual a rede social mais usada na sua turma?

4. Vocês possuem algum grupo da turma nessa rede social?

5. Você ou alguém próximo já teve algum problema com postagem em redes sociais?

6. Você conhece a legislação aplicada nos casos de abusos cometidos na Internet e Redes Sociais?

7. A sua família monitora suas postagens nas redes sociais? E dos seus colegas?

8. Quanto tempo por dia você costuma usar suas redes sociais? Esse tempo dedicado às redes Sociais é maior que o tempo que você dedica aos seus estudos?

9. Na sua opinião, que tipo de postagem pode ser considerada abusiva contra alguém? Discuta com seus colegas em um grupo sobre essa questão.

10. Qual é o futuro das redes sociais? Você conhece alguém que ganha dinheiro usando as redes sociais?

Palavras Cruzadas

1. Aversão a pessoas de outros países

2. Palavra que traduz as bases de comportamento que devem ser respeitadas por todos

3. Aversão a homossexuais traduzida na forma de xingamento ou tratamento desrespeitoso
4. Tratamento desrespeitoso repetido praticado contra colegas
5. Exibição de sua rotina ou intimidade nas redes sociais
6. Mostrar riqueza ou posses, dando margem para problemas como roubos ou assaltos

3.6 - Analisar o consumo de tecnologia na sociedade, compreendendo criticamente o caminho da produção dos recursos bem como aspectos ligados à obsolescência e a sustentabilidade. (EF69CO12)

Consumo de tecnologia na sociedade, obsolescência e sustentabilidade

Produtos eletrônicos, como qualquer bem de consumo, têm um ciclo de vida útil limitado, passando por um processo de desgaste e envelhecimento que é chamado de obsolescência.

Um produto eletrônico quando perde a condição de ser usado, deve ser descartado de forma correta, devendo-se evitar a contaminação da natureza.

Nos últimos anos tivemos avanços em termos de evolução da conscientização dos usuários e também no surgimento de legislação específica que tem buscado disciplinar a questão do descarte de produtos eletrônicos como pilhas, baterias, placas, monitores de vídeo, celulares e outros dispositivos eletrônicos.

Em uma sociedade capitalista é natural que haja a "pressão" para o consumo de novos produtos eletrônicos na medida em que surgem novas tecnologias e que o consumidor sinta a necessidade de adquirir um novo produto em sintonia com esse novo momento, a exemplo dos celulares compatíveis com a tecnologia 5G, que é a nova "coqueluche" em termos de dispositivos de comunicação.

Fonte: https://www.capitalnews.com.br/meio-ambiente/lixo-eletronico-e-uma-problema-a--resolver-no-brasil/337393

Segundo o site Capital News, citando um estudo realizado pela Global e-Waste Monitor patrocinado pela Organização das Nações Unidas (ONU), o Brasil produz anualmente 1,5 tonelada de e-lixo e apenas 3% desses resíduos são coletados de maneira adequada para ser reciclado ou descartado de forma apropriada.

Fonte: https://www.capitalnews.com.br/meio-ambiente/lixo-eletronico-e-uma-problema-a-resolver-no-brasil/337393

Atividades

1. Quantos equipamentos eletrônicos existem na sua casa (TV, Celular, computador, tablete, notebook etc.)?
2. O que sua família faz quando um equipamento não serve mais?
3. Você já ouviu falar em reciclagem?
4. Conhece algum local de descarte correto de baterias e outros produtos eletrônicos?

5. Pesquise na sua cidade quais são as entidades que trabalham com o descarte de lixo eletrônico.

6. Pesquise quais órgãos públicos em sua cidade fazem doações de equipamentos sem serventia para entidades ou pessoas carentes.

7. Você acha que existe uma certa pressão para a aquisição de produtos eletrônicos novos em função de modismo?

8. Pesquise as despesas mensal e anual da sua escola com tecnologia da Informação (TI).

9. E na sua família qual é o orçamento com TI (Internet, papel, cartuchos, telefonia celular)?

10. Estruture um projeto de um ponto de coleta de lixo eletrônico na sua escola.

11. Se foi possível viabilizar o projeto de coleta de lixo eletrônico, vamos organizar uma oficina para recondicionar equipamentos para uso na escola e para doação.

12. Pesquise e produza um texto sobre o significado de economia circular.

Palavras Cruzadas

1. ______________BÁSICO, que é o Tratamento da água para consumo humano.

2. Necessidade compulsiva para adquirir coisas

3. Ato de reutilizar material descartado, evitando o desperdício e dando nova utilização

4. Nome do efeito que provoca o aquecimento da temperatura global

5. Energia limpa gerada a partir do aproveitamento do calor do sol: Energia _ _ _ _ _

6. Energia produzida aproveitando a força dos ventos: Energia _ _ _ _ _ _

3.
6.
2.
4.
5.
1.

Parte IV

Ensino Médio

Competências Gerais da Etapa

De uma forma geral as competências desejadas para o ensino médio serão suportadas pelos conhecimentos trabalhados nas dimensões PENSAMENTO COMPUTACIONAL, CULTURA DIGITAL e MUNDO DIGITAL.

Em cada competência específica do Ensino Médio, faremos indicações de como trabalhar devidamente a mesma, contando com a ajuda do Chat GPT. Essas sugestões de como conduzir cada etapa do processo são meras indicações de como realizar cada etapa, mas nada impede que você, seus colegas e professores façam ajustes e melhorias, inclusive utilizando ferramentas de Inteligência Artificial, como o Chat GPT ou Bard, para desenvolver e melhorar as sugestões dadas aqui.

4.1 - Compreender as possibilidades e os limites da Computação para resolver problemas, tanto em termos de viabilidade quanto de eficiência, propondo e analisando soluções computacionais para diversos domínios do conhecimento, considerando diferentes aspectos:

As **possibilidades** da computação para resolver problemas incluem:

1. Processamento e armazenamento de grandes quantidades de dados
2. Análise complexa de dados
3. Modelagem e simulação de sistemas
4. Resolução de problemas matemáticos e lógicos
5. Automatização de tarefas repetitivas

No entanto, os **limites** da computação incluem:

1. Restrições de hardware e software
2. Falta de compreensão humana em algumas áreas
3. Dificuldades em lidar com incertezas e ambiguidades
4. Dificuldades em lidar com problemas que envolvem emoções, criatividade e subjetividade
5. Preocupações éticas e de privacidade em torno do uso de dados e inteligência artificial.

Fonte: ChatGPT

4.2 - Analisar criticamente artefatos computacionais, sendo capaz de identificar as vulnerabilidades dos ambientes e das soluções computacionais buscando garantir a integridade, privacidade, sigilo e segurança das informações:

Competência pode ser trabalhada com a leitura dos itens 3.1, 3.2 e 3.3.

Essa competência inclui:

1. Verificar o código fonte e a arquitetura do sistema para identificar pontos fracos e potenciais falhas de segurança.
2. Analisar a implementação de criptografia e autenticação para garantir a proteção de informações confidenciais.
3. Avaliar a infraestrutura de rede e segurança para detectar possíveis vulnerabilidades de invasão.
4. Monitorar continuamente a segurança do sistema para detectar e corrigir rapidamente qualquer problema.
5. Implementar políticas e práticas de segurança sólidas e testá-las regularmente.

Além disso, é importante estar atualizado com as tendências e ameaças cibernéticas mais recentes e garantir que as soluções computacionais estejam prontas para lidar com elas.

Fonte: ChatGPT

4.3 - Analisar situações do mundo contemporâneo, selecionando técnicas computacionais apropriadas para a solução de problemas:

Competência associada ao domínio **Pensamento Computacional**, devem ser utilizados os livros e materiais do projeto Pense Computacional como base para trabalhar esta competência (ver indicações da competência número 1 do Ensino Médio).

Analisar situações do mundo contemporâneo e selecionar técnicas computacionais apropriadas para a solução de problemas envolve os seguintes passos:

1. Compreender o problema e definir claramente seus objetivos e requisitos.
2. Identificar as tendências e tecnologias relevantes na área.
3. Avaliar as vantagens e desvantagens das técnicas computacionais existentes e determinar as melhores opções para resolver o problema.
4. Desenvolver e implementar a solução computacional escolhida, testando-a rigorosamente antes da implementação.
5. Monitorar continuamente a solução para garantir que esteja funcionando corretamente e fazer ajustes conforme necessário.

É importante levar em consideração questões éticas, de privacidade e segurança ao longo de todo o processo e garantir que a solução computacional esteja em conformidade com as leis e regulamentos relevantes.

Fonte: ChatGPT

4.4 - Construir conhecimento usando técnicas e tecnologias computacionais, produzindo conteúdos e artefatos de forma criativa, com respeito às questões éticas e legais, que proporcionem experiências para si e os demais:

Competência pode ser trabalhada com a leitura dos itens 3.1, 3.2, 3.3, 3.4.

Construir conhecimento usando técnicas e tecnologias computacionais envolve o uso de ferramentas e processos computacionais para coletar, processar, analisar e visualizar informações para produzir conhecimento significativo e útil. Isso inclui os seguintes passos:

1. Definir claramente os objetivos e requisitos para a produção de conteúdos e artefatos.

2. Pesquisar e coletar informações relevantes de fontes confiáveis.

3. Utilizar técnicas e tecnologias computacionais para processar e analisar as informações coletadas.

4. Visualizar os resultados em formas claras e fáceis de compreender, como gráficos, tabelas ou modelos interativos.

5. Utilizar a criatividade para produzir conteúdos e artefatos atraentes e significativos que proporcionem experiências enriquecedoras para si e para os demais.

Além disso, é importante levar em consideração questões éticas e legais ao longo de todo o processo, garantindo que as informações coletadas e produzidas estejam em conformidade com as leis e regulamentos relevantes e respeitando a privacidade e os direitos autorais.

Fonte: ChatGPT

4.5 - Desenvolver projetos para investigar desafios do mundo contemporâneo, construir soluções e tomar decisões éticas, democráticas e socialmente responsáveis, articulando conceitos, procedimentos e linguagens próprias da Computação preferencialmente de maneira colaborativa:

Competência abrangente que para ser trabalhada vai exigir a leitura dos itens de 1 a 3 completos.

Desenvolver projetos para investigar desafios do mundo contemporâneo e construir soluções éticas, democráticas e socialmente responsáveis envolve os seguintes passos:

1. Identificar um desafio relevante e significativo do mundo contemporâneo.
2. Formar uma equipe multidisciplinar para trabalhar juntos no projeto.
3. Realizar uma investigação aprofundada para compreender melhor o desafio e identificar as possíveis soluções.
4. Utilizar conceitos, procedimentos e linguagens próprias da Computação para desenvolver e implementar uma solução.
5. Tomar decisões democráticas e éticas, considerando questões sociais, legais e regulatórias relevantes.
6. Avaliar continuamente o impacto da solução e fazer ajustes conforme necessário.

Trabalhar de forma colaborativa, envolvendo pessoas com diferentes perspectivas e habilidades, pode aumentar a qualidade da solução e garantir uma abordagem mais ampla e completa para o desafio. Além disso, a colaboração pode aumentar a eficiência do projeto, pois permite que diferentes pessoas trabalhem juntas em tarefas específicas.

Fonte: ChatGPT

4.6 - Expressar e partilhar informações, ideias, sentimentos e soluções computacionais utilizando diferentes plataformas, ferramentas, linguagens e tecnologias da Computação de forma fluente, criativa, crítica, significativa, reflexiva e ética:

Competência abrangente que para ser trabalhada vai exigir a leitura dos itens de 1 a 3 completos.

Expressar e partilhar informações, ideias, sentimentos e soluções computacionais usando diferentes plataformas, ferramentas, linguagens e tecnologias da Computação envolve os seguintes passos:

1. Selecionar a plataforma, ferramenta, linguagem e tecnologia mais apropriada para a mensagem ou solução.
2. Desenvolver o conteúdo ou solução de forma fluente, criativa, crítica, significativa, reflexiva e ética.
3. Considerar questões de privacidade, segurança e direitos autorais ao partilhar informações e soluções.
4. Utilizar linguagem clara e concisa para transmitir a mensagem de forma eficaz.
5. Refletir sobre as suas próprias ideias e a forma como estão sendo expressas.
6. Apreciar e considerar o ponto de vista dos outros ao partilhar informações e soluções.

Expressar-se de forma clara, crítica e ética pode aumentar a qualidade da mensagem ou solução e garantir que sejam entendidas de forma eficaz. Além disso, partilhar informações e soluções com outros pode levar a uma troca de ideias e ao desenvolvimento de soluções mais inovadoras e eficazes.

Fonte: ChatGPT

4.7 - Agir pessoal e coletivamente com respeito, autonomia, responsabilidade, flexibilidade, resiliência e determinação, identificando e reconhecendo seus direitos e deveres, recorrendo aos conhecimentos da Computação e suas tecnologias frente às questões de diferentes naturezas:

Competência abrangente que para ser trabalhada vai exigir a leitura dos itens de 1 a 3 completos.

Atingir essa competência envolve os seguintes passos:

1. Identificar seus direitos e deveres como indivíduo e membro da sociedade.
2. Reconhecer as questões de diferentes naturezas e buscar informações para compreendê-las.
3. Utilizar conhecimentos e tecnologias da Computação para resolver problemas e tomar decisões informadas.
4. Agir com respeito, autonomia, responsabilidade, flexibilidade, resiliência e determinação.
5. Considerar os impactos das suas ações em si mesmo, na sociedade e no meio ambiente.
6. Trabalhar com outros de forma colaborativa, buscando soluções que atendam aos interesses da sociedade como um todo.

Agir de forma responsável e ética pode aumentar a qualidade de vida de si mesmo e dos outros, além de garantir que as tecnologias da Computação sejam usadas de forma justa e sustentável. Além disso, a colaboração com outros pode levar a soluções mais inovadoras e eficazes para questões complexas.

Fonte: ChatGPT

Glossário

Uma observação importante, você deve montar o seu próprio glossário a partir das pesquisas nas ferramentas de busca e no ChatGPT. Os termos que não estiverem aqui pesquise-os e enriqueça o seu vocabulário.

Alan Turing – Cientista e matemático britânico responsável pelo estabelecimento dos fundamentos da Ciência da Computação através de seus estudos sobre algoritmos e computabilldade.

Algoritmo – Conjunto ordenado de passos, não ambíguos e com a finalidade de resolver um determinado problema.

Apple – Uma das maiores empresas da área de tecnologia, criada por Steve Jobs e Steve Wozniak, tendo revolucionado o mercado de microcomputadores e celulares.

Arquivo – Conjunto de dados que possuem uma relação entre si. Por exemplo, arquivo dos professores da escola X.

Array – Variável composta homogênea, isto é, todos os componentes são de um mesmo tipo, podendo ser vetor ou matriz.

Atribuição – Operação pela qual se faz com que uma variável receba um valor constante ou de outra variável.

Bard – Ferramenta de Inteligência Artificial do Google.

Bill Gates – Fundador da Microsoft e um dos grandes responsáveis pela popularização da informática e dos microcomputadores.

Bit – Menor porção de informação digital, podendo assumir os valores 0 (zero – não magnetizado) ou 1 (um - magnetizado).

Bloco – Trecho de um algoritmo ou programa que possui características comuns. Também pode estar associado a um conjunto de bytes em um dispositivo de armazenamento.

Byte – Conjunto de 8 bits.

C – Linguagem de programação proposta no início dos anos 1970, sendo compilada, muito utilizada para desenvolvimento de "software" básico. A linguagem C pode ser considerada a mãe de outras linguagens como: C++, C# e Java.

C++ - É uma linguagem de programação compilada, multiparadigma e de propósito geral, que surgiu na década de 1990, sendo uma das linguagens mais populares na atualidade.

C# - É uma linguagem de programação compilada, multiparadigma, foi desenvolvida pela Microsoft como parte da sua plataforma de desenvolvimento **.NET**.

Cadeia – Sinônimo para cadeia de caracteres, tendo por significado um conjunto de caracteres.

Campo – Subdivisão de um registro. Um campo pode conter um nome de uma pessoa, um salário etc.

Caractere – Uma letra, um dígito ou um símbolo qualquer que pertença ao conjunto de caracteres da linguagem.

ChatGPT – Programa desenvolvido pela empresa AI que tem por objetivo interagir com seus usuários e responder de forma inteligente aos seus questionamentos.

Cloud – Nuvem – Termo que faz alusão à ideia de que a Internet não pode ser determinada em termos de localização dos dados ou serviços.

Comando – Um comando é uma ordem que deve ser dada para um computador executar. Toda linguagem de programação possui comandos.

Comentário – Explicações dadas no corpo do algoritmo/programa para facilitar a compreensão de um trecho de código.

Compilador – Programa tradutor cuja finalidade é converter um programa em uma linguagem de programação qualquer para uma forma que o computador possa entender. Essa tradução é gravada em disco, podendo ser utilizada outras vezes.

Concatenação – Operação de juntar dois ou mais conjuntos de caracteres. Por exemplo, a concatenação de "BON" com "ITA" forma a palavra "BONITA".

Concorrente – Diz-se da execução simultânea com competição por recursos computacionais.

Condição Lógica – Condição que deve ser avaliada durante a execução do algoritmo para decidir o que deve ser feito.

Conhecimento – Ato de saber ou conhecer alguma coisa através da obtenção de informações.

Constante – Valor imutável dentro do algoritmo. Valores como PI que corresponde aproximadamente a 3,1416 não têm porque ser mudado durante a execução de algoritmo que calcula a área de um círculo.

Contador – Variável utilizada para contar alguma coisa ou ocorrência de algum fato. Um contador é incrementado à medida que a grandeza a que ele se destina a contar cresce. Por exemplo, todas às vezes em que se acerta uma questão de uma prova, o contador de acertos aumenta uma unidade.

Criptografia - transformação de conteúdos originais abertos em uma forma cifrada de tal forma a proteger e garantir a confidencialidade dos dados originais, possibilitando que apenas o emissor e o receptor tenham acesso ao conteúdo da mensagem.

CSS – Abreviatura de "Cascading Style Sheet", que significa folha de estilo, trabalhando em conjunto com o HTML, objetivando dar mais beleza a uma página WEB.

Dado – Representação bruta sobre algum acontecimento, objeto ou pessoa. O nome de uma pessoa é apenas um dado, por exemplo.

Depuração – Ato de seguir um algoritmo ou programa durante a sua execução para facilitar a eliminação de erros.

Douglas Engelbart - Inventor norte-americano, criador do mouse na década de 1960 e patenteou sua invenção em 1970. O primeiro "mouse" de computador era uma caixinha de madeira com duas rodinhas de metal. Depois de muito aperfeiçoamento, ele chegou ao mercado em 1984 graças à Apple, que lançou o mouse como periférico de seu computador Macintosh.

Endentação – Conjunto de alinhamentos e recuos das linhas de um algoritmo que permitem melhor visualização e compreensão das relações hierárquicas entre as mesmas.

Enigma – Máquina de cifragem alemã usada para troca de mensagens secretas entre as tropas alemãs e seus comandantes.

Escopo – Está associado ao conceito de bloco e diz respeito ao espaço de existência de uma variável dentro de um algoritmo ou programa.

Ética - Refere-se aos **preceitos inerentes ao ser humano** que são a base das normas que regulam o seu c**omportamento** ou o de uma sociedade.

Expressão – São construções algorítmicas especificadas por regras para calcular valores ou ter como resposta um valor lógico. Uma expressão pode ser lógica ou aritmética.

Finalização – Área de um algoritmo ou programa onde são feitos os preparativos para encerramento da execução do mesmo.

Flag – Significa bandeira ou estandarte em inglês. É uma variável usada para indicar a ocorrência de algum evento durante a execução do algoritmo, por exemplo, quando for atingido o fim do arquivo de funcionários faça com que a variável FIMARQUIVO receba valor lógico VERDADEIRO (TRUE).

Float – Tipo de dado numérico associado a um número real, possuindo precisão superior e casas decimais. Sinônimo de Real em algumas linguagens de programação.

Fluxograma – Representação gráfica de um algoritmo usando símbolos padronizados internacionalmente.

Função – Subprograma que além de resolver uma dada tarefa, tem por obrigação retornar para quem o chamou um valor que pode ser qualquer tipo de dado admitido pela linguagem.

Hardware – Conjunto de todos os elementos físicos em um sistema computacional, sendo exemplos: teclado, vídeo, impressora, UCP e mouse.

HTML – Hyper Text Markup Language – Linguagem de Marcação utilizada para construção de páginas WEB. Seu código é interpretado pelos navegadores.

Identificador – Nome dado a variáveis ou a partes do algoritmo para efeito de identificação.

Informação – Resultado obtido a partir do tratamento ou processamento dos dados.

Inicialização – Atitude de atribuir a uma variável um valor inicial para começar o algoritmo ou programa. Pode-se falar, no corpo de um algoritmo, em uma área de inicialização que é aquela onde são inicializadas todas as variáveis a serem utilizadas no mesmo.

Integer – Tipo inteiro que pode representar números sem casas decimais no conjunto dos Inteiros. Quando armazenado com 2 Bytes, pode assumir valores no intervalo de -32.768 a + 32.767.

Inteligência Artificial – IA – Subárea de Ciência da Computação voltada à pesquisa da inteligência demonstrada por máquinas ao lidar com tarefas complexas que só poderiam ser resolvidas por seres inteligentes. A inteligência artificial nasceu com um artigo publicado pelo cientista britânico Alan Turing: "*Computing Machinery and Intelligence*".

Interpretador – Programa tradutor de um programa em uma linguagem de programação para uma forma que o computador possa entender. Essa tradução não é registrada sendo feita à medida que o comando vai sendo executado. Tem maior aplicação para programadores iniciantes.

Java – Linguagem de programação, desenvolvida por um grupo de pesquisadores da Sun Microsystems por volta de 1990, estando entre as mais utilizadas pelos programadores.

JavaScript – Linguagem de Programação voltada para dar dinamicidade às páginas HTML, estando entre as mais utilizadas na atualidade.

Jeannette Wing – Professora e pesquisadora do MIT que introduziu o conceito de Pensamento Computacional.

Laço – Sinônimo da palavra inglesa LOOP (laçada, fazer curvas). Significa a execução repetida de um conjunto de comandos por um número determinado de vezes. Em geral, refere-se à estrutura de controle de repetição PARA ou **for,** na maioria das linguagens.

Looping Infinito – Repetição sem fim de um laço, em geral, por um erro de programação.

Lua – Linguagem de programação interpretada, desenvolvida na PUC-RJ, permite a programação procedural, programação orientada a objetos e a programação funcional, constituindo em uma concorrente direta do Python.

Matriz – Array multidimensional (ver "array").

Menu – Significa cardápio de opções. É através de um menu que são oferecidas as opções de trabalho. Exibem-se as opções e lê-se a resposta do usuário para determinar o que deve ser feito em seguida.

Módulo – Subdivisão de um "software" que possui denominação e corpo próprios.

Moral - São as próprias **regras já estabelecidas**, e que regulam os comportamentos dos que vivem em uma sociedade.

Multiprocessamento – Processamento paralelo realizado por vários núcleos processantes.

Operador – É um dos constituintes de uma expressão, podendo ser aritméticos, lógicos ou relacionais. Por exemplo: +, -, >, or.

Otimização de Código – Ato de reescrever um algoritmo da forma mais eficiente possível.

PHP (Hypertext Pre Processor) – É uma linguagem de criação de scripts, cujo código pode ser embutido em páginas HTML.

Parâmetro – Valor que é entregue a um subalgoritmo para guiar a ação do mesmo.

Passagem de Parâmetros – Mecanismo utilizado para estabelecer a ligação entre um algoritmo ou programa e um subalgoritmo ou subprograma que tenha sido ativado pelo primeiro. A passagem de parâmetros permite que a solução do problema seja feita de forma genérica.

Pensamento Computacional – Abordagem pedagógica proposta por Jeannette Wing que visa desenvolver competências na resolução de problemas, utilizando ferramentas da Ciência da Computação: decomposição, generalização, abstração, algoritmos, dentre outras.

Python – Python é uma linguagem de programação de alto nível, interpretada, trabalhando nos paradigmas imperativo, orientado a objetos e funcional, dispondo de uma tipagem dinâmica e forte. Foi desenvolvida por Guido van Rossum em 1991.

Procedimento – Subalgoritmo que visa a realização de uma determinada tarefa.

Processamento – Tratamento, transformação de dados. Em um algoritmo, a parte de processamento é quem realmente realiza as tarefas as quais o algoritmo destina-se.

Produtório – É o resultado cumulativo de uma série de multiplicações sucessivas. Esse tipo de variável é utilizado para guardar o resultado desses produtos e deve ser inicializada sempre com 1. O fatorial de 4, que vale 24, é o resultado das seguintes multiplicações sucessivas: 4 x 3 x 2 x 1.

Programa – É um algoritmo traduzido para uma linguagem de programação.

Programa Principal – Parte central de um programa que controla a execução do mesmo.

Sistema – Conjunto de partes interdependentes; conjunto de pessoas, máquinas e programas que visam resolver uma aplicação do usuário; conjunto de programas.

Recursividade – Propriedades que possuem alguns problemas de serem definidos em termos deles mesmos. Para compreender melhor análise o problema do fatorial de um número.

Rede Social - Software que possibilita interligar pessoas na Internet, possibilitando a convivência e amizades virtuais entre indivíduos distantes. As redes sociais mais populares são: Facebook, Instagram, Orkut, dentre outras.

Registro – Unidade mínima de leitura/gravação dos dados de um arquivo. Todo registro é composto por campos.

Software – Termo da língua inglesa utilizado para designar a parte inteligente (relativa à programação) de um sistema de computação. São exemplos de softwares: Windows, Linux, Android, IOS, Word, Writer e Excel.

Software Aplicativo – Todos os programas que visam resolver os problemas relativos ao ramo de atividade fim de um indivíduo ou empresa.

Software Básico – Programas que são voltados para os problemas intrínsecos do computador. Não se prestam a resolver um problema fim do usuário.

Exemplos: compiladores, sistemas operacionais etc.

Somatório – Variável utilizada para guardar somas sucessivas. Por exemplo: o somatório das mesadas de todos os alunos da escola. Toda variável utilizada em somatórios é inicializada com valor 0 (zero) que é o elemento neutro da adição.

Steve Jobs – Fundador da Apple junto com Steve Wozniak, sendo considerado um gênio da área de tecnologia.

Steve Wozniak - É um engenheiro eletrônico e programador, cofundador da Apple junto com Steve Jobs.

String – O mesmo que cadeia de caracteres.

Subalgoritmo – Trecho de um algoritmo que recebe um identificador (nome), podendo ser ativado (executado) de qualquer ponto deste algoritmo pela simples menção do nome atribuído. A utilização de subalgoritmos gera, entre outras vantagens, economia no tamanho do algoritmo.

Tecnologia da Informação (TI) – Ferramenta que permite que a informação seja coletada, armazenada, processada e transmitida.

Variável – Conjunto de uma ou mais posições da memória de um computador que é utilizado para guardar valores que podem ser alterados durante a execução do algoritmo. Toda variável deve possuir um identificador (nome) e ter um tipo definido (numérico, caractere etc.).

Variável de Laço – Variável utilizada para controlar as repetições em um laço.

Variável Global – Variável que existe em todo o corpo do algoritmo/programa. Possui escopo ilimitado, existindo em todos os pontos do programa.

Variável Local – Existe apenas dentro de um bloco, possuindo escopo restrito dentro de um procedimento ou função, existindo apenas em um espaço restrito.

Vetor – Variável homogênea unidimensional, isto é, possui uma única dimensão, sendo também conhecida pelo termo inglês ***array***.

WEB – WWW - A World Wide Web é um sistema de documentos em hipermídia que são interligados e executados na Internet. Ressalte-se que usualmente o termo WEB é confundido e associado à própria Internet.

Zerar – Atribuir valor zero a uma variável numérica. Pode ser sinônimo para inicialização.

Referências

AMAZON. Disponível em: **https://www.amazon.com.br.** Acesso em: Diversas datas: Jan. 2023.

APPLE. Alexa. Disponível em: https://apps.apple.com/br/app/amazon-alexa. Acesso em: 28 Jan. 2023.

AVAST. Disponível em: https://www.avast.com/pt-br/c-ssd-vs-hdd. Acesso em: 28 Jan. 2023.

BRASIL. MEC. Base Nacional Curricular Computação. Disponível em: https://mec.gov.br/. Acesso: 08. Dez. 2022.

BRASIL ESCOLA. Ábaco. Disponível em: https://educador.brasilescola.uol.com.br/estrategias-ensino/abaco.htm. Acesso em: 21 Jan. 2023.

BRASIL ESCOLA. Cyberbullying Disponível em: https://brasilescola.uol.com.br/sociologia/cyberbullying.htm. Acesso em: 21 Jan. 2023.

BRASIL PAÍS DIGITAL. Disponível em: https://brasilpaisdigital.com.br/stalking-perseguicao-nas-redes-sociais-e-crime. Acesso em: 28 Jan. 2023.

BROOKSEHAR, J. Glenn. Ciência da Computação: uma visão abrangente. P11a. ed. Porto Alegre: Bookman, 2013.

CGI-BR. CERT.BR. Guia Internet Segura. Diposnível em: https://www.cgi.br/media/docs/publicacoes/13/20221010125014/guia-internet-segura.pdf. Acesso em: 30. Jan. 2022.

CHATGPT - Disponível em: **https://chat.openai.com/chat.** Acesso: 30. Jan. 2023.

CISCO SYSTEMS. **Programa Cisco Networking Academy v.2.1**, EUA, 1999.

CNN Brasil. Evolução dos Computadores. Disponível em: https://www.cnnbrasil.com.br/tecnologia/do-eniac-ao-notebook-confira-a-evolucao-dos-

-computadores-nas-ultimas-decadas/. Acesso: 20. Jan. 2023.

COMO FUNCIONA. Diposnível em: https://comofuncionam.com.br/tipos-de-sistemas-operacionais/. Acesso: 30. Jan. 2023.

DICIO - Dicionário On-line. Disponível em: https://www.dicio.com.br. Acesso: 28. Jan. 2023.

ENCICLOPÉDIA BRITÂNICA. Disponível em: https://www.britannica.com/science/computer-science. Acesso: 08. Jan. 2023.

Estadão. Disponível em: https://www.estadao.com.br/politica/imagens-invasao-brasilia-stf-congresso-planalto-golpistas-extremistas-presos-bolsonaro/. Acesso: 18. Jan. 2023.

G1 Notícias. Disponível em: https://g1.globo.com/fantastico/noticia/2022/08/21/ladrao-das-joias-e-do-relogio-de-luxo-de-carlinhos-maia-conta-como-planejou-o-roubo.ghtml. Acesso: 28. Jan. 2023.

G1 Notícias. Vício em drogas e celular. Disponível em: **https://g1.globo.com/bemestar/viva-voce/noticia/2021/10/18/nao-ha-muita-diferenca-entre-o-vicio-em-drogas-e-no-celular-diz-psicologo.ghtml.** Acesso: 28. Jan. 2023.

GERSTING, Judith L. Fundamentos Matemáticos para a Ciência da Computação. 7a.ed. LTC, 2017.

IFSUL. Material Didático On-line. Disponível em: http://tics.ifsul.edu.br/matriz/conteudo/disciplinas/rco/ua/2/1.html. Acesso: 08. Jan. 2023.

NOVA ESCOLA. Diferença entre principais equipamentos computacionais. Disponível em: **https://novaescola.org.br/conteudo/4570/qual-a-diferenca-entre-um-computador-um-smartphone-e-um-tablet.** Acesso: 18. Jan. 2023.

PAIVA, Severino. Introdução à Programação. 2ª. ed. Rio de Janeiro: Editora Ciência Moderna, 2015

_____. Introdução à Programação e ao Pensamento Computacional. Rio de Janeiro: Editora Ciência Moderna, 2021

_____. Pensamento Computacional e o Desenvolvimento de Competências para a Resolução de Problemas no Ensino Básico. Rio de Janeiro: Editora Ciência Moderna, 2022

PYTHON BRASIL. Disponível em: https://python.org.br/. Acesso: 08. Jan. 2023.

R7 Notícias. Disponível em: https://noticias.r7.com/cidades/fotos/golpe-do-amor-do-pix-e-da-fruta-veja-os-crimes-mais-frequentes--que-podem-se-repetir-no-proximo-ano-22122022. Acesso: 08. Jan. 2023.

Revista Capital News. Disponível em: https://www.capitalnews.com.br/meio--ambiente/lixo-eletronico-e-uma-problema-a-resolver-no-brasil/337393. Acesso: 08. Jan. 2023.

RIBEIRO, L. *et al. Diretrizes de Ensino de Computação na Educação Básica*. Sociedade Brasileira de Computação, Relatório Técnico, n. 001, 2019.

SBC - Sociedade Brasileira de Computação. Diretrizes para ensino de Computação na Educação Básica. . Disponível em: https://www.sbc.org.br/documentos-da-sbc/summary/203-educacao-basica/1220-bncc-em-itinerario-informativo-computacao-2. Acesso: 08. Out. 2019.

SBP – Sociedade Brasileira de Pediatria. Manual de Orientação Menos Tela, Mais Saúde. Disponível em: https://www.sbp.com.br/fileadmin/user_upload/_22246c-ManOrient_-__MenosTelas__MaisSaude.pdf. Acesso: 08. Jan. 2023..

TANENBAUM, Andrew. Sistemas Operacionais Modernos. Ed. Pearson. 3ª ed. 2010.

___________. Organização Estruturada de Computadores. 6ª ed. São Paulo:Pearson Prentice Hall. 2013.

___________. Redes de Computadores. Ed. Bookman. 6ª ed. 2021.

TECHTUDO. Herança de Steve Jobs. Disponível em: https://www.techtudo.com.br/noticias/2011/10/heranca-de-steve-jobs-entenda-como-apple-mudou-o-mundo.ghtml. Acesso: 28. Jan. 2023.

TERABYTES SHOPPING. Disponível em: **https://www.terabyteshop.com.br/produto/23018/combo-gamer-gamdias-poseidon-m2-4-em-1-teclado-mouse-mousepad-e-headset.** Acesso: Datas Diversas: Jan. 2023.

TIOBE Organization. Disponível em: Tiobe.org. Acesso: 08. Jan. 2023.

TORRES, Gabriel. Redes de Computadores. Nova Terra. 2ª. ed. 2016.

TUCKER, Allen; **NOONAN**, Robert. Linguagens de Programação – Princípios e Paradigmas. McgrawHill. 2ª ed. São Paulo, 2008.

UFSCAR – Metadados – Disponível em: https://www.portalsei.ufscar.br/documentos-institucionais/capacitacao/treinamentos/treinamento-sei-conteudo-teorico/10-uso-de-metadados-em-documentos-e-processos. Acesso: 18. Jan. 2023.

UOL – Motor1. Disponível em: **https://motor1.uol.com.br/photo/2308930/ford-model-t-factory-cutaway-sketch-by-david-kimble/.** Acesso: 28. Jan. 2023.

WIKIPEDIA – Enciclopédia Livre. Disponível em: www.wikipedia.org. Acesso: Datas diversa – Jan. 2023

WINZIP – Tutorial Compressão. Disponível em: **https://www.winzip.com/br/learn/tutorials/file-compression/.** Acesso: 29. Jan. 2023.

Anexo I - Folha de Atividades

Use a figura com os HARDWARES / SOFTWARES mais comuns e faça o que se pede:

1. Marque com um X um dispositivo de entrada.
2. Marque com um Y um dispositivo de saída.
3. Pinte de azul todos os dispositivos de entrada de dados.
4. Pinte de verde todos os dispositivos de saída de dados.
5. Pinte de vermelho o que for SOFTWARE.
6. Conecte com linhas os componentes de um computador que você usa na sua escola.
7. Circule os dispositivos computacionais que você tem na sua casa.
8. Monte uma rede local de computadores, conectando os equipamentos de acordo com o tipo de conexão que você tem na sua casa.
9. Conecte os equipamentos da rede o laboratório de informática da sua escola.
10. Associe o seu computador aos softwares que ele tem disponíveis para uso.
11. Use uma linha pontilhada para mostrar como seria o HARDWARE / SOFTWARE do trabalho dos seus pais.

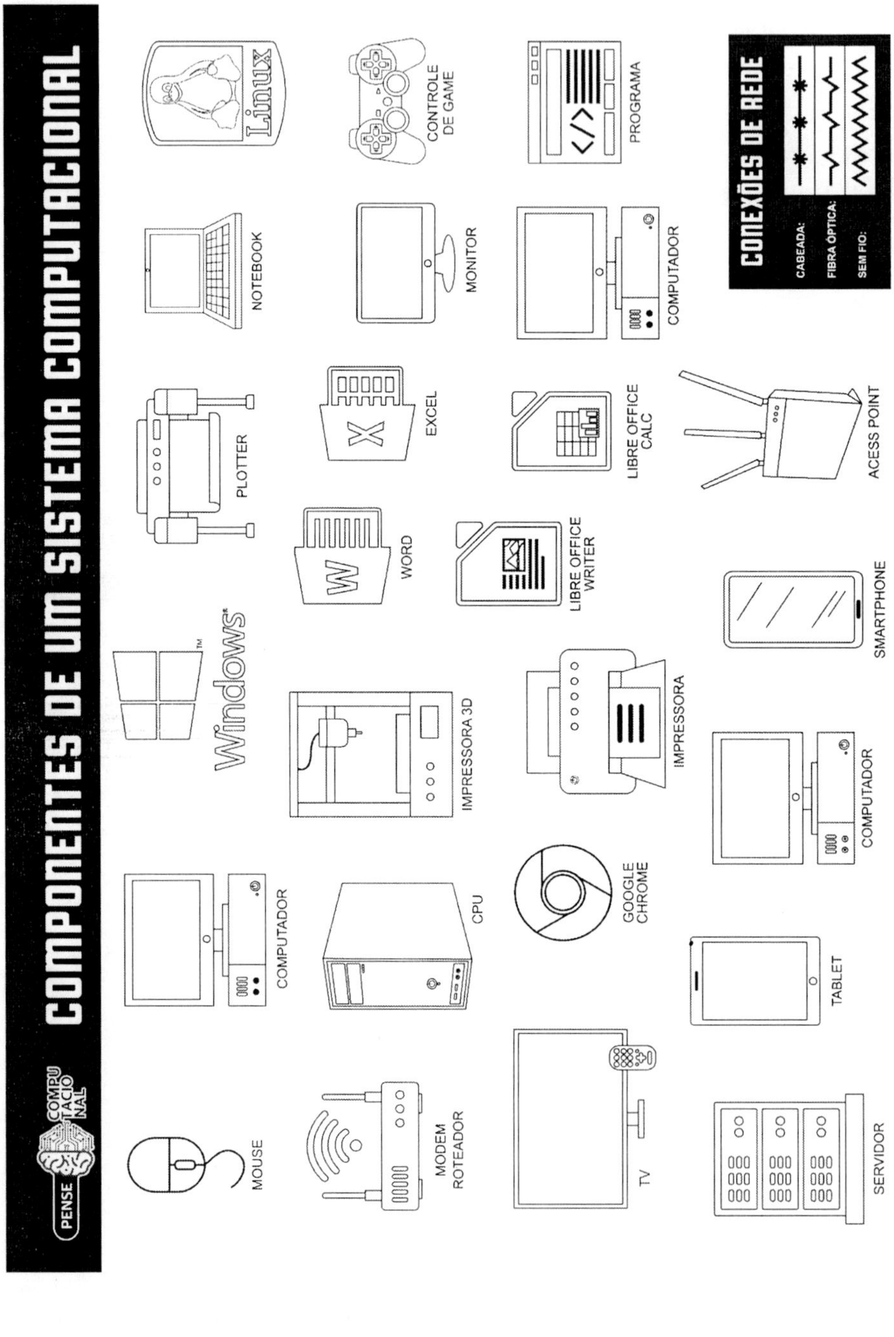
PENSE COMPUTACIONAL
COMPONENTES DE UM SISTEMA COMPUTACIONAL
MOUSE
COMPUTADOR
Windows
PLOTTER
NOTEBOOK
Linux
MODEM ROTEADOR
CPU
IMPRESSORA 3D
WORD
EXCEL
MONITOR
CONTROLE DE GAME
TV
GOOGLE CHROME
IMPRESSORA
LIBRE OFFICE WRITER
LIBRE OFFICE CALC
COMPUTADOR
PROGRAMA
SERVIDOR
TABLET
COMPUTADOR
SMARTPHONE
ACESS POINT
CONEXÕES DE REDE
CABEADA:
FIBRA ÓPTICA:
SEM FIO:

Anexo II - Respostas das Palavras Cruzadas

1.1 - Dispositivos eletrônicos e não eletrônicos funcionamento (EI03C007)

1. Babbage
2. Eniac
3. Apple
4. Ábaco
5. Hardware
6. Software

1.2 - Conceito de interface de comunicação com objetos e equipamentos (EI03C008)

1. Interface
2. Tela
3. Mouse
4. Alexa
5. Windows
6. Janela

1.3 - Dispositivos computacionais e formas de interação (EI03c009)

1. Mouse
2. Microfone
3. Alexa
4. Touch Screen
5. Teclado
6. Câmera
7. Auto-falante

1.4 - Utilizar tecnologia digital de maneira segura, consciente e respeitosa (EI03C010)

1. Homofobia
2. Xenofobia
3. Stalking
4. Firewall
5. Cyberbullying
6. Assédios
7. Preconceito
8. Antivírus

1.5 - Hábitos Saudáveis ao usar dispositivos computacionais, seguindo recomendações dos órgãos competentes (EI03C011)

1. Bit
2. Rede
3. Memória
4. Software
5. Internet
6. Algoritmo

2.1 Componentes Básicos de dispositivos computacionais (EF15C006)

1. UC
2. ULA
3. Teclado
4. Memória
5. Registrador
6. Barramento

2.2 - Conceito de Sistema Operacional e sua importância na integração entre Hardware e Software (EF15C007)

1. Android
2. Windows
3. Processo

4. Lite
5. Utilitário
6. Kernel
7. Interface

2.3 - Codificação da Informação e o armazenamento, manipulação e transmissão em dispositivos computacionais (EF15C005)

1. Bit
2. Byte
3. Trilha
4. Bloco
5. Arquivo
6. EBCDIC
7. Inteiro

2.4 - Tecnologias Computacionais para pesquisa, acessar informações e resolver problemas (EF15C008)

1. Notebook
2. Tablet
3. Desktop
4. Celular
5. Chromebook
6. Bing
7. Google

2.5 - Legislação, ética e direitos autorais e de imagem (EF15C009)

1. Imagem
2. LGPD
3. Dieckmann
4. Marco
5. Autoral
6. Fake

3.1 - (EF69CO10) Entender como é a estrutura e funcionamento da internet.

3.2 - Entender o processo de transmissão de dados, como a informação é quebrada em pedaços, transmitida em pacotes através de múltiplos equipamentos, e reconstruída no destino. (EF69CO07)

1. TCP
2. Pacote
3. Aplicação
4. Transporte
5. Internet
6. Rede
7. Enlace
8. Barramento
9. Anel

Segurança na Internet

1. Phishing
2. Worm
3. Host
4. Firewall
5. Vírus
6. Antivírus

3.3 - Compreender e utilizar diferentes formas de armazenar, manipular, compactar e recuperar arquivos, documentos e metadados. (EF69CO08)

1. Assimétrica
2. Compactação
3. Criptografia
4. Bloco
5. ASCII
6. Trilha
7. Simétrica
8. Arquivo

3.4 - Compreender os conceitos de paralelismo, concorrência e armazenamento/ processamento distribuídos. (EF69CO09)

1. Google
2. Cloud
3. Internet
4. Concorrência
5. Multiprocessamento
6. Amazon
7. Microsoft

3.5 - Apresentar conduta e linguagem apropriadas ao se comunicar em ambiente digital, considerando a ética e o respeito. (EF69CO11)

1. Xenofobia
2. Ética
3. Homofobia
4. Bullying
5. Exposição
6. Ostentação

3.6 - Analisar o consumo de tecnologia na sociedade, compreendendo criticamente o caminho da produção dos recursos bem como aspectos ligados à obsolescência e a sustentabilidade. (EF69CO12)

1. Saneamento
2. Consumismo
3. Reciclar
4. Estufa
5. Solar
6. Eólica

ANOTAÇÕES

Impressão e acabamento
Gráfica da Editora Ciência Moderna Ltda.
Tel: (21) 2201-6662